Pusteblume

Das Lesebuch 2

Berlin, Brandenburg, Mecklenburg-Vorpommern, Sachsen-Anhalt und Thüringen

Neubearbeitung

Herausgegeben von Wolfgang Menzel

Erarbeitet von
Anita Hübner, Borkheide
Nina Jacobsen, Berlin
Anika Şahin, Blankenfelde
Uta Sommer, Panketal

Unter Einbeziehung der Erarbeitung von
Angelika Föhl, Nadine Pistor,
Helga Schön und Ursula Schwarz

Unter Beratung von
Elke Uthe, Jessen

Illustriert von
Susanne Göhlich, Lisa S. Rackwitz, Anke Rauschenbach,
Sabine Wiemers, Matthias Berghahn, Angelika Çıtak,
Marie Hübner, Stefanie Klaßen, Bettina Kumpe,
Bianca Schaalburg, Michael Schobner, Susanne Schulte

Schroedel
westermann

Inhaltsverzeichnis

Kompetenzseiten: Lernen lernen
                    Texte verstehen
                    Mit Geschichten umgehen
                    Mit Gedichten umgehen
                    Theater spielen

▶ Kompetenzen   ▶ Verweis auf Lesebuchseite   ▶ Verweis auf Hör-CD

Kompetenzseiten: Lernen lernen
Texte verstehen
Mit Geschichten umgehen
Mit Gedichten umgehen
Theater spielen

4

Ich bin ich

Wolken, Wind und Wetter

Kompetenzseiten: Lernen lernen
Texte verstehen
Mit Geschichten umgehen
Mit Gedichten umgehen
Theater spielen

Im Jahreskreis

Anhang

▶ Kompetenzen   ▶ Verweis auf Lesebuchseite   ▶ Verweis auf Hör-CD

Im Buch stöbern

1. Wie heißt dieses Lesebuch?

2. Suche im Inhaltsverzeichnis das Kapitel **Ich bin ich.** Auf welcher Seite fängt es an?

3. Welches Kapitel beginnt auf Seite 28?

4. Was findest du auf Seite 70?

5. Wie viele Personen sind im Kapitel **Miteinander leben** abgebildet?

6. Suche dir im Inhaltsverzeichnis eine Übungskiste aus. Merke dir die Seitenzahl. Suche dann die Übungskiste im Buch.

7. Suche dieses Bild: Auf welcher Seite hast du es gefunden?

◇ **1** Lies die Kärtchen an der Pinnwand.

◇ **2** Suche dir fünf Karten von der Pinnwand aus. Schreibe die Antworten auf.

▶ Fachbegriffe klären
▶ sich im Buch orientieren

8. Wie viele Aufgaben findest du zu dem Text **Lisas Vater** auf den Seiten 86/87?

9. Wie viele Tieraugen findest du auf dem Bild auf Seite 130?

10. Auf welcher Seite steht die Überschrift **Selbst reimen**? Welche Farbe hat die Seite?

11. In welchem Kapitel kannst du diesen Steckbaum basteln?

12. Welches Bild im Buch gefällt dir am besten? Auf welcher Seite ist es abgebildet?

13. Von welchem Tier handelt der Text auf Seite 121?

14. Auf welcher Seite beginnen die Erklärungen für wichtige Fachwörter?

○ **3** Denke dir selbst eine Suchaufgabe für ein anderes Kind aus.

Wichtige Zeichen im Buch

1 So ein Zeichen steht vor jeder Aufgabe.

2 Eine Zusatzaufgabe erkennst du an dieser Farbe.

Zusatztexte erkennst du auch an dieser Farbe.

○ **1** wiedergeben ◇ **2** Zusammenhänge herstellen ◇ **3** reflektieren und beurteilen

In der Schule

Im Klassenraum

◇ **1** Was seht ihr auf dem Bild?

◇ **2** Wie sieht es in eurem Klassenraum aus?

▸ ein Bild genau betrachten
▸ erzählen

Oskar packt seine Schultasche

Ursula Schwarz

1 Heute packt Oskar seine 🎒 besonders gern.

Viele Sachen sind neu und riechen so gut.

Das neue 📕 kommt zuerst in die 🎒.

Und dann der schöne neue 📗 für die neuen 📘.

5 Oskar öffnet die 📙 und schaut nach,

ob auch alles drin ist:

ein ✏️, der neue 🖊️,

die ✏️✏️, der 🗲,

der neue ▱, das 📏

10 und die ✂️ — und die 🐚,

die er in den Ferien am Meer

gefunden hat.

Und das Frühstück für die Schule?

Die 🍶, die 🍱 und einen 🍏

15 packt Oskar erst morgen früh ein.

○ **1** Welche Dinge in Oskars Schultasche sind neu?

2 Was packst du in deine Schultasche?
Schreibe und male.

3 Welche Dinge hattest du
schon einmal in deiner Schultasche,
die dort nicht hineingehören?

❱ kontexterschließendes Lesen
❱ Informationen entnehmen
❱ Schreibideen entwickeln

Wandas Schulgeschichten

Dagmar Geisler

Ich heiße Wanda und ich gehe in die zweite Klasse.
Deshalb kann ich jetzt schon alles schreiben,
nicht bloß meinen Namen.

W wie WUNDERTÜTE
A wie ACHTUNG, JETZT KOMM ICH!
N wie NICHT FRECH
D wie DOTTERGELB
A wie ABENTEUER

DAS IST GERADE MEINE LIEBLINGS-FARBE

Meinen Namen konnte ich schon schreiben,
bevor ich in die Schule gekommen bin.
Meine Freundin Katti
und die meisten anderen Kinder
konnten das auch.
Nur Maximilian hatte keine Lust,
seinen Namen zu schreiben.

MAXIMILIAN

piks,
piks

Er hat gesagt:
„Das Wort ist mir viel zu lang und zu piksig.
Ab sofort heiße ich Otto!
Das Wort Otto sieht nämlich viel schöner aus."

Das stimmt.
Und es passt auch viel besser zu Max.

O wie OBSTKUCHEN
T wie TORTE
T wie THUNFISCHPIZZA
O wie OMAS BESTE PFANNKUCHEN

OTTO

◇ **1** Wie haben Wanda und Otto ihre Namen gestaltet?

◇ **2** Schreibe und gestalte deinen Namen
so wie Wanda und Otto.

▶ eigene Schreibideen entwickeln ▶ Lernen lernen S. 36

Das ABC üben

1 Arbeitet zu zweit.
Einer liest die Buchstaben
und der andere den Text.

Mein Schul-ABC

Uta Sommer

A B C und D	Schule beginnt, juchhe!
E F G und H	Alle sind jetzt da.
I J K und L	Zweitklässler lernen schnell
M N O und P	das ganze ABC.
Q R S und T	Wir haben raus den Dreh
U V W und X	und vergessen nix.
Y und Z	Ich kann es jetzt, wie nett.

2 Sprich den Text im Rhythmus wie einen Rap.

3 Denke dir auch ein ABC-Gedicht aus.

▸ das ABC wiederholen ▸ Märchen S. 163 ▸ Hör-CD: Nr. 1
▸ sinngestaltend vorlesen ▸ Lernen lernen S. 36
▸ Schreibmuster nutzen

Abzählverse

Eins, zwei, drei und vier,
Stifte, Kleber und Papier.
Tastatur und Maus,
du bist raus.

Fröhlich singen alle heute,
hören soll'n es alle Leute.
Das Lied, das ist ein Hit,
du machst mit.

Eins, zwei, drei und vier

Hokuspokus, Kokosnuss,
Hexenzwirn und Löwenfuß.
Eulenschwanz und Nudelmann,
der – ist – dran.

Janosch

Ene mene muh,
wer verliert den Schuh?
Ene mene meck,
du bist raus.

1 Welcher Abzählvers gefällt dir besonders gut? Begründe.

2 Lerne einen Abzählvers auswendig
und sage ihn einem Partner auf.

3 Welche Abzählverse kennst du noch?

4 Mit welchem Vers kannst du nicht gut abzählen? Begründe.

▶ sinngestaltend vorlesen ▶ Lernen lernen S. 20
▶ auswendig lernen ▶ Mit Gedichten umgehen S. 22
▶ eine Reimstruktur erkennen

Wörter genau lesen

◇ **1** Welches Wort passt zum Bild?
Tippe mit dem Finger darauf.

Amsel	Nagel	winken	Schilf
Apfel	Nase	wanken	schief
Ampel	Nudel	wundern	Schiff
Angel	Nadel	wandern	Schild

2 In jedem Wörterhaus ist ein Quatschwort versteckt.
Tippe mit dem Finger darauf.

Schultor	Klassenfest	Hausschuh
Schulhof	Klassenfahrt	Hausmeister
Schulklasse	Klassenraum	Hausstunde
Schulleiterin	Klassenbruch	Haustür
Schulklappe	Klassenbuch	Hausnummer

3 Lest zu zweit. Jeder liest eine Zeile.
In jeder Zeile passt ein Wort nicht.
Erklärt euch, warum das Wort nicht passt.

Katze   Hund   Maus   Tisch   Goldfisch

Schule   Pause   Lehrerin   Klassenzimmer   Flugzeug

Affe   Nashorn   Tiger   Leopard   Krallen

rot   gelb   grün   fröhlich   blau

laufen   schlafen   gehen   rennen   joggen

▸ über Lesefertigkeiten verfügen
▸ die Bedeutung von Wörtern
   und Sätzen verstehen

Immer längere Wörter lesen

◇ **1** Lies die Wörter in jedem Kasten von oben nach unten.

Gras
Grashüpfer
Grashüpferbeinchen

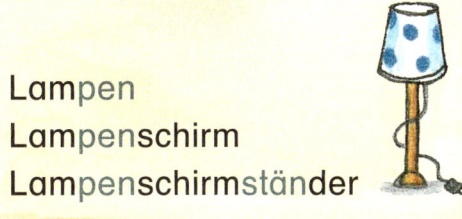

Lampen
Lampenschirm
Lampenschirmständer

Haus
Haustür
Haustürschlüssel
Haustürschlüsselanhänger

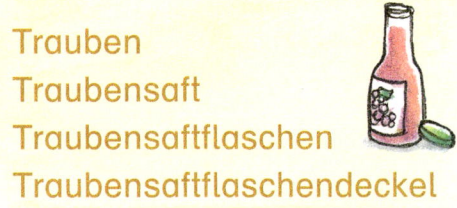

Trauben
Traubensaft
Traubensaftflaschen
Traubensaftflaschendeckel

Zimmer
Spielzimmer
Kinderspielzimmer

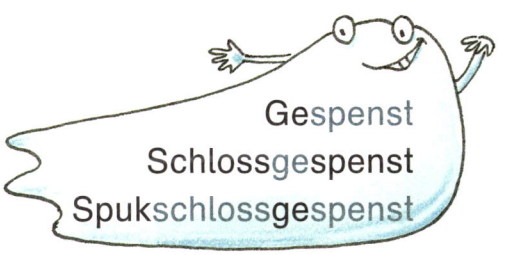

Gespenst
Schlossgespenst
Spukschlossgespenst

Platz
Spielplatz
Gartenspielplatz
Kindergartenspielplatz

Essen
Kampfessen
Wettkampfessen
Kusswettkampfessen
Schokokusswettkampfessen

◇ **2** Lies die Wörter nun von unten nach oben.

◇ **3** Bilde selbst ein Wort, das immer länger wird.
Schreibe die Wörtertreppe auf.
Auto ...

▸ Treppenwörter strukturieren   ▸ Ich bin ich S. 110
und lesen
▸ Schreibmuster nutzen

Zusammen sind wir stark

Christa Zeuch

1 Nach der letzten Schulstunde
sagt Frau Viermäusel zu Mäx:
„Du wohnst doch in der Lahnstraße. Anja auch!
Da habt ihr gleich beide denselben Weg."

5 Mäx sieht kurz zu Anja hin. Anja guckt wieder nicht.
Aber das ist Mäx egal. Er findet den Weg auch ohne sie!

Also marschiert er allein los.
Unterwegs denkt Mäx: Eigentlich war der erste Schultag
gar nicht so schlimm.
10 Die anderen Kinder sind ganz nett.
Mäx freut sich sogar auf morgen.

In der Lahnstraße muss er an der Fußgängerampel warten.
Und plötzlich steht Anja neben ihm.
Sie starrt auf das rote Ampelmännchen.
15 Jetzt springt die Ampel auf Grün. Anja bleibt trotzdem stehen.
Mäx geht ohne sie weiter.

Auf der anderen Straßenseite sieht er zwei größere Jungen.
Einer hat gelbe Stoppelhaare.
Der andere trägt eine Lederjacke.
20 Sie sind mindestens schon in der fünften Klasse.
Mäx will an ihnen vorüber.
Da rempelt ihn der Stoppelhaarige am Ranzen.
„Eh, was soll das!", schreit Mäx.
Rasch will er weiter.

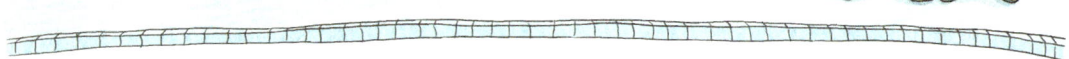

▶ Hör-CD: Nr. 2

25 Aber der mit der Lederjacke hält ihn
am Arm zurück.
„Nicht so eilig", sagt er und drängt Mäx
gegen eine Hauswand.
„Was wollt ihr von mir?"
30 Angstvoll reißt Mäx die Augen auf.
Er schaut sich Hilfe suchend um.
Anja steht noch immer drüben an der Ampel.

„Moment, wir haben was für dich."
Bill steckt langsam eine Hand
35 in die Hosentasche.
Genauso langsam holt er sie heraus.
Er öffnet sie.
Ein glatter Regenwurm liegt drin.
Bill lässt den Regenwurm
40 vor Mäx' Nase pendeln.

„Der wird dir schmecken", sagt er.
Mäx schießt das Blut in den Kopf.
Er presst die Lippen zusammen.
„Los, Zähne auseinander!",
45 zischt Bill. Mäx wird blass.
Ihm wird ganz flau.

◇ **1** Warum hat Mäx Angst?

◇ **2** Was wollen die großen Jungen von Mäx?

◇ **3** Was könnte Mäx tun?

▸ eine Geschichte antizipieren   ▸ Lernen lernen S. 55
▸ ein Kinderbuch kennenlernen   ▸ Ich bin ich S. 101
▸ Perspektiven einnehmen

Einen Text vorlesen und vortragen

Manchmal möchte ich anderen
etwas vorlesen oder vortragen.
Das muss ich üben.
Dann können meine Zuhörer mich gut verstehen.

1. Schritt: Text leise lesen
Ich lese den Text leise für mich.

2. Schritt: Text halblaut lesen
Ich lese den Text mehrmals halblaut.
Dabei übe ich:
- langsam und deutlich zu sprechen,
- am Ende des Satzes
  eine Pause zu machen,
- besondere Wörter
  oder Stellen im Text
  zu betonen.

3. Schritt: Vorlesen oder vortragen
Wenn ich zufrieden bin,
lese ich den Text anderen vor,
oder ich trage ihn auswendig vor.
Dabei spreche ich so laut,
dass mich jeder verstehen kann.

○ **1** Probiere das mit dem Text
auf der nächsten Seite aus.

Lernen lernen

▶ In der Schule S. 15
▶ In der Natur S. 30, 31

Beste Freundinnen

Nadine Scheer

1 Ida, Lina und Charlotte sind beste Freundinnen.
Aber heute ist alles irgendwie anders.
Auf dem Weg zur Schule musste Charlotte rennen,
um Ida und Lina noch einzuholen.
5 Den ganzen Schulweg über haben die beiden getuschelt.
Charlotte ist traurig.

Als es zur großen Pause klingelt,
laufen Lina und Ida einfach aus der Klasse.
Immer wieder stecken die beiden die Köpfe zusammen,
10 flüstern und lachen.
Auf dem Schulhof sitzt Charlotte allein auf der Schaukel.
Sie fängt an zu weinen.

Da kommen Lina und Ida zu ihr gelaufen.
Sie wollen wissen, was los ist.
15 Charlotte sagt mit zittriger Stimme:
„Den ganzen Tag beachtet ihr mich gar nicht!"
Ida und Lina fangen an zu lachen.
„Wir planen doch eine
Geburtstagsüberraschung für dich!"

20 „Und ich dachte schon,
ihr wollt nichts mehr von mir wissen!",
sagt Charlotte.
„Auf keinen Fall!", rufen Lina und Ida.

▸ einen Text vortragen   ▸ Ich bin ich S. 101   ▸ Hör-CD: Nr. 3

21

Echowörter finden

Aus den Bergen kommt das Echo

Was verschenken Matrosen? `Anne!`

Wer isst am liebsten Qualle? `Eulen!`

Wer kann im Märchen helfen? `Rot!`

Was isst sehr gern Frau Meier? `Rosen!`

Welche Farbe hat kein Brot? `Alle!`

Wen hört man nachts oft heulen? `Ruder!`

Was ist nur in Tims Tasche? `Eier!`

Wie heißt das Mädchen in der Kanne? `Elfen!`

Womit steuert jetzt der Bruder? `Asche!`

Was verschenken die Matrosen?

Rosen!

○ **1** Ein Kind liest die Fragen vor.
Die anderen rufen das passende Echo.

▸ mit Reimen spielen

▸ Mit Gedichten umgehen
S. 40
▸ In der Schule S. 15

Mit Gedichten umgehen

Reime erraten

Im Lande der Zwerge

Wolfgang Menzel nach Heinrich Seidel

So geht es im Lande der Zwerge:
Maulwurfshügel sind dort wie _____.

Ein Krümel ist wie ein dicker Stein.
Ein Meerschweinchen ist so groß wie ein _____.

Eine Feder ist einen Zentner schwer.
Eine Pfütze ist dort so groß wie das _____.

Ein Bleistift ist wie ein riesiger Turm.
Groß wie 'ne Schlange ist dort ein _____.

Stark wie ein Löwe ist dort eine Maus.
Eine Streichholzschachtel ist groß wie ein _____.

Dick wie ein Seil ist dort ein _____.
Und eine Minute dauert ein _____.

Meer

Jahr

Haar

Haus

Wurm

Schwein

Berge

Mit Gedichten umgehen

Ich hab' es rausgekriegt!
Maulwurfshügel sind dort wie Berge.

Und ich kann es schon
fast auswendig!

Pantomime: Ohne Worte etwas darstellen

Zirkus-Pantomime

Zauberer

Pferde

Jongleure

Elefanten

Dompteure

Clowns

Seiltänzer

Löwen

...

○ **1** Was stellen die Kinder hier jeweils dar? Ratet.
Woran erkennt ihr das?

○ **2** Probiert selbst Bewegungen aus, die zum Zirkus passen.

Ein Pantomime-Spiel

○ **1** Für dieses Spiel braucht ihr mindestens vier Spieler.
Mehr Spaß macht das Spiel in größeren Gruppen!
Wählt zuerst gemeinsam ein Thema aus.

○ **2** Sammelt passende Begriffe zu eurem Thema
und schreibt sie auf einzelne Kärtchen.

Polizist   Musiker   Lehrerin   ...

○ **3** Spielt nun zu zweit:
- Zieht ein Kärtchen.
- Überlegt und probiert aus,
  wie ihr den Begriff
  ohne Worte darstellen könnt.
- Spielt dann vor –
  ohne Worte, nur mit Bewegungen!

○ **4** Die anderen Kinder müssen euren Begriff erraten.

○ **5** Danach ist die nächste Zweier-Gruppe an der Reihe.

▸ ohne Worte darstellen
▸ die Wirkung von Gestik und
  Mimik ausprobieren
▸ Lernen lernen S. 88
▸ Theater spielen S. 106
▸ Ich bin ich S. 96, 97

Theater spielen

Wörter finden

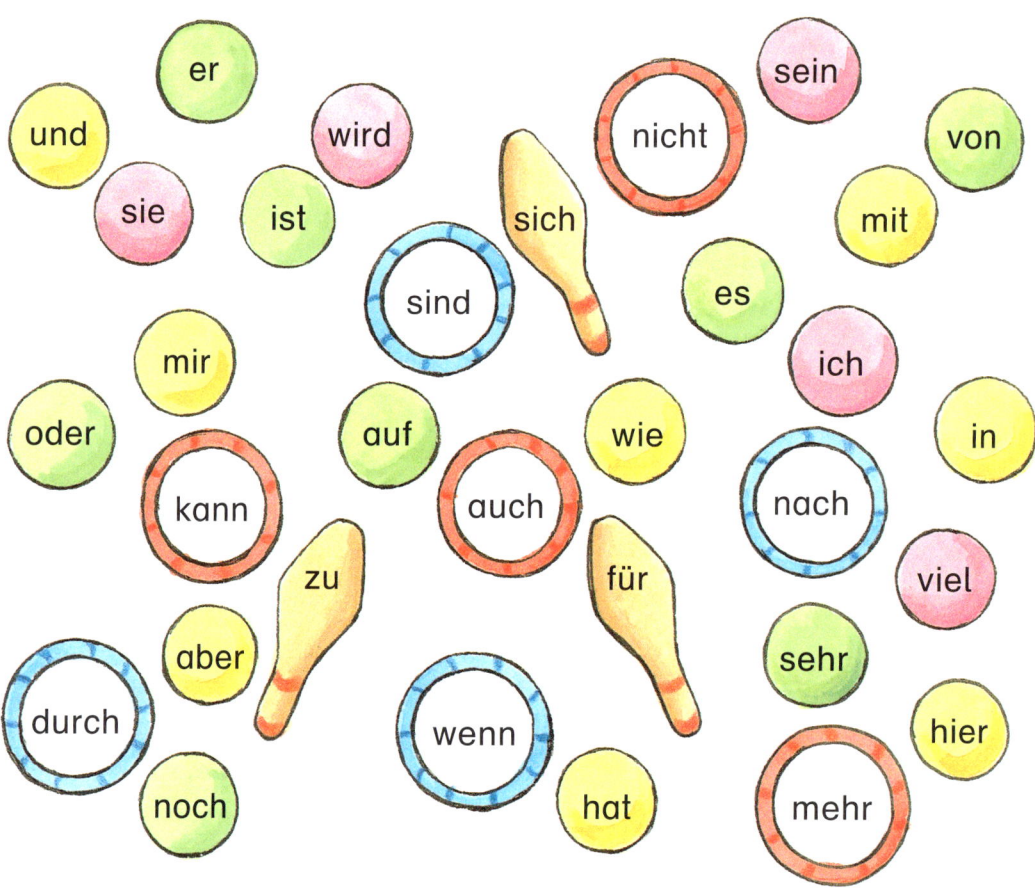

○ **1** Arbeitet zu dritt.

Lest die Spielanleitung und spielt das Spiel.

Spielanleitung
- Ein Kind liest ein Wort vor.
  Die beiden anderen suchen das Wort.
- Wer das Wort findet, tippt darauf
  und erhält einen Punkt.
- Nach 6 Wörtern wird gewechselt.
- Wer am Ende die meisten Punkte hat,
  hat gewonnen.

Ideenkiste

Ein Buchstabenrätsel lösen

In der Tabelle haben sich Wörter versteckt.

ZEILE

SPALTE

D	A	M	T	L
F	R	S	I	E
K	N	H	B	U
P	F	Z	G	O

◇ **1** Suche dir ein Rätsel aus.
Schreibe die passenden Buchstaben auf.

1. 3. Zeile, 3. Spalte
2. links neben M
3. rechts neben B
4. über H
5. links neben T
6. 2. Zeile ganz rechts
7. über B
8. zwischen M und H
9. rechts von M
10. über U
11. 2. Spalte, 2. Zeile

1. 3. Zeile, 3. Spalte
2. 5. Spalte, ganz unten
3. zwischen F und S
4. 1. Zeile, Spalte 4

◇ **2** Schreibe mit Hilfe der Tabelle ein neues Rätsel.

▶ nicht-kontinuierliche Texte verstehen ▶ Lernen lernen S. 88
▶ gezielt Informationen suchen
▶ Schreibmuster nutzen

In der Natur

Tiere und Pflanzen

○ **1** Schaut euch die Bilder zu zweit an. Was entdeckt ihr? Was kennt ihr?

○ **2** Spielt mit den Bildern:
- Ich sehe was, was du nicht siehst.
- Paare finden

▶ zu Bildern erzählen
▶ Vorwissen aktivieren
▶ Spielanregungen aufnehmen

▶ Lernen lernen S. 88

Heute geh ich aus dem Haus

Helme Heine

1 Heute geh ich aus dem Haus
in die weite Welt hinaus.

Will mit meinen Augen sehen,
wie der Fuchs den Hasen jagt
5 und der Biber Bäume nagt.

Will mit meinen Ohren hören,
was der Wind dem Raben sagt
und der Frosch im Stadtpark quakt.

Will mit meiner Nase riechen,
10 was so durch die Lüfte fliegt
und in unserm Garten blüht.

Will mit meiner Zunge schmecken
Nachbars Äpfel, Birnen, Pflaumen
und den ungewaschnen Daumen.

15 Will mit meinen Händen fühlen,
ob der Schmerz im Feuer liegt
und der Igel wirklich pikt.

Müde schleiche ich nach Haus –
Doch morgen geh ich wieder aus!

◇ **1** Was will das Kind alles erleben?

◇ **2** Was kannst du draußen in der Natur
sehen, hören, riechen, schmecken und fühlen?

◦◦ **3** Verändere das Gedicht mit deinen Ideen.
Will mit meinen Augen sehen, wie ...

▸ über eigene Erfahrungen   ▸ Mit Gedichten umgehen   ▸ Hör-CD: Nr. 5
sprechen   S. 40, 41, 58, 107
▸ Schreibmuster nutzen

Tierisch lustig

Träumerei

Alfons Pillach

Ein Specht sitzt auf des Baumes Holz
und ist auf seinen Schnabel stolz;
er macht ein Loch in einen Ast,
so lange bis die Größe passt.
Er hackt und hackt mit saurer Miene
und träumt von einer Bohrmaschine.

Die Schnecke

Heinz Erhardt

Mit ihrem Haus nur geht sie aus!
Doch heut lässt sie ihr Haus zu Haus,
es drückt so auf die Hüften.
Und außerdem – das ist gescheit
und auch die allerhöchste Zeit:
Sie muss ihr Haus mal lüften!

Die Ameisen

Joachim Ringelnatz

In Hamburg lebten zwei Ameisen,
Die wollten nach Australien reisen.
Bei Altona auf der Chaussee
da taten ihnen die Beine weh.
Und da verzichteten sie weise
denn auf den letzten Teil der Reise.

Aufgewacht

Alfons Pillach

Ein Tausendfüßler schlief
und träumte ziemlich tief,
er habe nur zwei Beine
und außer diesen keine.
Ihm kam das derart komisch vor,
dass er sein Gleichgewicht verlor.
Er fiel zum Pech auf heißen Teer,
da wusste er, er hatte mehr.
Dann schlich er auf den Rasen
und hatte tausend Blasen.

1 Welches Gedicht findest du besonders lustig?

2 Trage eines dieser Gedichte vor.

▶ Lernen lernen S. 20
▶ Mit Gedichten umgehen
S. 40, 104

In einem Baum

Wolfgang Longhardt

1 In einem Baum, ihr glaubt es kaum,
da wohnen viele Tiere.
Kleine Schnecken,
große Schnecken,
5 Vögel, die uns morgens wecken.
Schau es dir doch an,
freue dich daran.

In einem Baum, ihr glaubt es kaum,
da wohnen viele Tiere.
10 Kleine Spinnen,
große Spinnen,
Käfer in der Rinde drinnen.
Schau es dir doch an,
freue dich daran.

15 In einem Baum, ihr glaubt es kaum,
da wohnen viele Tiere.
Eichhörnchen und kleine Maus,
haben hier ihr großes Haus.
Schau es dir doch an,
20 freue dich daran.

◇ **1** Wer wohnt alles in diesem Baum?

◇ **2** Warum sind Bäume für die Tiere wichtig?

◇ **3** Male zu einer Strophe ein Bild.

◇ **4** Schau selbst, welche Tiere in einem Baum leben.

▶ Informationen entnehmen
▶ zu Gedichten malen

Wie aus einem Samen ein Baum wird

Bäume vermehren sich durch ihre Samen.
Man findet sie bei Laubbäumen in den Früchten.
Bei der Kastanie ist die Frucht die grüne, runde
Kapsel mit den vielen Stacheln.
In ihr befinden sich die Kastanien,
die Samen des Kastanienbaumes.
Nadelbäume haben die Samen in ihren Zapfen.

1 Wie sieht die Frucht des Kastanienbaumes aus?

2 Ordne den Textabschnitten das passende Bild zu.

1 Im Sommer erkennt man die unreifen Früchte der Kastanie an den grünen stacheligen Kapseln.

2 Im Herbst fallen die reifen Kapseln mit den braunen Kastaniensamen zu Boden.

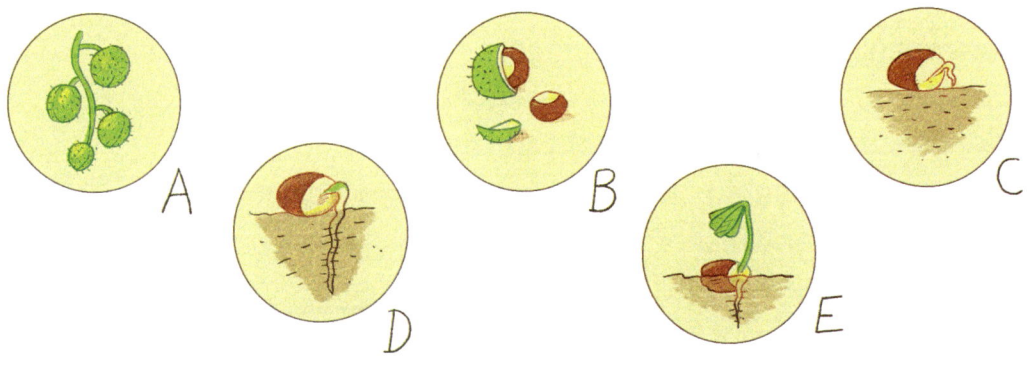

3 Die Kastaniensamen keimen.

4 Langsam wachsen Stiel und erste Blätter der Kastanie.

5 Auf oder unter der Erde bilden die Kastaniensamen Wurzeln.

3 Finde heraus, wie sich Nadelbäume vermehren.

▶ Texte und Bilder zuordnen
▶ Informationen entnehmen
▶ Texte verstehen S. 38, 57
▶ Mit Geschichten umgehen S. 72, 73

Regenwurmtage

Antje Damm

1 *Ida ist auf dem Weg zur Schule.*

Plötzlich macht sie eine Entdeckung.
Da kringelt sich ein graurosa Regenwurm
auf dem Gehweg in einer Pfütze.

5 Sie beobachtet den Wurm eine Weile.
Er will sich vergraben.
Aber dort, wo er liegt, kann er das nicht:
auf dem Asphalt in einer kleinen Wasserpfütze.
Eigentlich mag Ida lieber Tiere
10 mit einem weichen Fell.
Aber Tiere sind Tiere, denkt sie
und der Regenwurm braucht Hilfe,
auch ohne Fell.
Er ertrinkt sonst in der Pfütze.
15 Regenwürmer gehören in die Erde,
das weiß Ida. Also nimmt sie den Wurm
vorsichtig mit den Fingern hoch.
Der Wurm ringelt sich und zappelt.
Sie versucht den Wurm nicht zu sehr zu drücken,
20 aber er ist glitschig. Das ist gar nicht so einfach
mit dem Regenwürmerretten.

Sie setzt ihn in einen Vorgarten und sieht zu,
wie er sich eilig in der Erde vergräbt.
Ein paar Schritte weiter liegt der nächste
25 und noch einer und noch einer und so weiter.
Viel Arbeit, denkt Ida, ein Notfall
nach dem anderen. Regenwürmer überall.
Ida zählt mit.
Es sind viel mehr als 15.

30 Irgendwann kommt sie endlich an der Schule an.

Die rote Tür zum Klassenzimmer
ist schon geschlossen.
Ida muss klopfen und dann wartet sie,
bis sie die laute Stimme der Lehrerin hört.
35 Was sie sagt, hört Ida nicht, aber sie drückt
die kalte Türklinke mit der erdverschmierten
Hand runter, öffnet die Tür ein kleines bisschen
und linst durch den Spalt im Klassenzimmer.

„Komm rein!", sagt Frau Bender
40 und deutet auf Idas leeren Platz neben Faruk.
Alle gucken Ida an.
Ida zittert ein bisschen, weil sie
plötzlich so aufgeregt ist.
Frau Bender fragt:
45 „Warum bist du denn so spät?"
„Ich habe Regenwürmer gerettet!",
sagt Ida mit Stolz in der Stimme.
„Igitt!", raunt es von den Tischen.

◇ **1** Was beobachtet Ida auf dem Weg zur Schule?

◇ **2** Warum benötigt der Regenwurm Hilfe von Ida?

◇ **3** Woran erkennt Ida, dass sie zu spät
in der Schule ankommt?

◇ **4** Warum sagen die Kinder
in Idas Klasse wohl **Igitt**?
Was hättest du zu Idas Antwort gesagt?

Antje Damm

Regenwurm-
tage

Moritz

▶ Informationen entnehmen ▶ Texte verstehen S. 38, 56 ▶ Hör-CD: Nr. 6
▶ Perspektiven einnehmen

Ein Portfolio anlegen und führen

Das Portfolio kann ein Ordner,
eine Sammelmappe
oder eine Schatzkiste sein.

In meinem Portfolio
sammle ich Arbeiten,
die mir besonders gut gefallen
und mir wichtig sind.

Das kann ich in meinem Portfolio sammeln:

- Gedichte oder Geschichten,
  die ich aufgeschrieben oder abgeschrieben habe,

- Lesetipps zu Geschichten oder Büchern,
  die ich für meine Mitschüler geschrieben habe,

- Texte über mich und meine Familie,
  meine Wünsche oder meine Träume,

- Bilder oder Fotos, die ich zu Geschichten
  gemalt oder fotografiert habe,

- kleine Bücher, die ich selbst hergestellt habe.

Lernen lernen

36

▶ Möglichkeiten kennenlernen,
  ein Portfolio anzulegen und
  zu führen

▶ Mit Gedichten umgehen
  S. 40, 41, 59, 74, 75
▶ In der Schule S. 13, 14

Lernen lernen

○ **1** Gestalte ein Deckblatt für deine Portfolio-Mappe,
deinen Ordner oder den Deckel deiner Portfolio-Schatzkiste.

▶ ein eigenes Portfolio ▶ Ich bin ich S. 97, 100, 110
anlegen und gestalten

Einen Text Schritt für Schritt lesen

Texte sind einfacher zu verstehen,
wenn man sie Schritt für Schritt liest.

1. Schritt: Vor dem Lesen
Ich lese die Überschrift und überlege:
Worum könnte es im Text gehen?

2. Schritt: Text Schritt für Schritt lesen
Ich lese den ersten Absatz des Textes
und überlege:
Worum geht es in diesem Absatz?

Habe ich den Absatz verstanden,
lese ich den nächsten Absatz
und überlege wieder:
Worum geht es nun?

3. Schritt: Text vollständig lesen
Ich lese den Text noch einmal vollständig.
Dabei überprüfe ich, ob ich den Inhalt
des Textes verstanden habe.

4. Schritt: Nach dem Lesen
Nachdem ich den Text gelesen
und verstanden habe,
beantworte ich die Fragen zum Text.

Probiere das mit dem Text
auf der nächsten Seite aus.

Texte verstehen

Das Leben am Weiher

Nina Jacobsen

1 Der Weiher ist ein ruhiges kleines Gewässer,
das auf natürlichem Weg entstanden ist.
Das Wasser ist nicht sehr tief. Durch die
schwimmenden Bewohner ist es häufig leicht getrübt.

5 Der Weiher ist wie ein Mehrfamilienhaus. In jedem Stockwerk
herrscht ein reges Treiben von Tieren und Pflanzen.

Über der Wasseroberfläche schwirren Insekten wie
Schmetterlinge, Libellen, Fliegen, Mücken und Wasserkäfer.
Reiher und andere Vögel fliegen über das stille Wasser.

10 Auf der Wasseroberfläche entdeckt man Seerosen.
Hier treibt auch eine andere Wasserpflanze,
die Entengrütze. Enten und andere Wasservögel
schwimmen auf der Oberfläche des Weihers.

Am Ufer ist das Wasser sehr flach. Dort wachsen
15 Schwertlilien mit ihren leuchtenden gelben Blüten.
Schilf und Rohrkolben versperren den Weg zum Wasser.
Im Frühling laichen hier Frösche. Auch Vögel verbringen Zeit
am Ufer.

Unter der Wasseroberfläche tummeln sich unzählige Kleintiere
20 wie Schnecken, Käfer, Molche und viele Fische.

○ **1** Wann laichen die Frösche?

○ **2** Aus wie vielen Stockwerken besteht der Weiher?

▶ einen Text erschließen
▶ Informationen entnehmen
▶ Wolken, Wind und Wetter
S. 113, 114, 116, 121
▶ Hör-CD: Nr. 7

Reime entdecken

Wer sitzt wo bei Regenwetter?

Georg Bydlinski

1 Der Eichelhäher
auf dem Rasenmäher,
der Elefant
auf dem Tellerrand,
5 der Kolibri
auf meinem Knie,
die Wasserratte
auf der Badematte,
die Riesenspinne
10 unter der Regenrinne,

die Klapperschlange
auf der Vorhangstange,
die Katze
auf der Luftmatratze,
15 das Gnu
im linken Fußballschuh.

Da sitzen sie alle
mit saurem Gesicht
und warten auf den Wetterbericht.

◇ **1** Welche Wörter reimen sich in diesem Gedicht?

◇ **2** Spielt zu zweit mit den Reimen des Gedichts.
Einer fragt, einer antwortet.
Wer sitzt auf der Badematte?   Die ...
Wo sitzt das Gnu?   Im ...

3 Erfinde noch mehr Reimsätze.
Schreibe sie auf.
Das Krokodil
sitzt auf dem Besenstiel.

> Krokodil – Besenstiel
> Mücke   – Brücke
> Papagei – ...
> Wurm   – ...

40 ▶ Reimwörter erkennen   ▶ Mit Gedichten umgehen   ▶ Hör-CD: Nr. 8
    ▶ mit Reimen spielen   S. 22, 58, 105
    ▶ Schreibmuster nutzen   ▶ In der Natur S. 29, 30, 31

Mit Gedichten umgehen

Reimwörter ergänzen

Die Feder

Joachim Ringelnatz

1 Ein Federchen flog über Land.
Ein Nilpferd schlummerte im S_____.

See   Sand

Die Feder sprach: „Ich will es wecken!"
Sie liebte, andere zu _____.

necken   ärgern

5 Aufs Nilpferd setzte sich die Feder
und streichelte sein dickes _____.

Fell   Leder

Das Nilpferd öffnete den Rachen
und musste ungeheuer _____.

niesen   lachen

Mit Gedichten umgehen

◦ **1** Lies das Gedicht.
Ergänze dabei die Reimwörter.

◦ **2** Schreibe das Gedicht mit den Reimwörtern ab.
Male dazu.

Aussagen überprüfen

Überprüfe, ob du die Natur schützt.

◌ **1** Wie verhältst du dich?
Entscheide dich für jeweils einen der beiden Sätze.

◌ **2** Schreibe deine Punktzahlen auf und addiere sie.

A ◆ Ich mache das Licht aus,
wenn ich einen Raum verlasse.   `5`
◆ Das Licht lasse ich brennen,
wenn ich einen Raum verlasse.   `0`

B ◆ Ich dusche und drehe
das Wasser ab beim Einseifen.   `4`
◆ Ich bade lieber,
das ist gemütlicher.   `3`

C ◆ Meine Eltern fahren mich
überall mit dem Auto hin.   `1`
◆ Ich benutze häufig das Fahrrad
oder gehe zu Fuß.   `2`

D ◆ Unterwegs werfe ich meinen Müll
an den Straßenrand.   `0`
◆ Meinen Müll stecke ich
bis zum nächsten Papierkorb ein.   `5`

F ◆ Bei einem Spaziergang sammele
ich alles, was mir gefällt.   `2`
◆ Ich pflücke nur die Dinge,
die nicht unter Naturschutz stehen.   `5`

Wenn du mehr als 11 Punkte hast, schützt du die Natur.

▸ einen Text lesen und   ▸ Lernen lernen S. 88
danach handeln

Ideenkiste

Einen Steckbaum basteln

Du benötigst:

- etwa 20 getrocknete
  und gepresste Blätter
  von Laubbäumen,
- feste Pappe oder Karton,
- Schere,
- Bleistift,
- Klebestift.

1. Schneide aus Pappe
   einen Baumstamm
   mit Krone aus.

2. Schneide das untere Ende des
   Baumstammes noch einmal aus.

3. Schneide in beide
   Baumstammteile
   einen schmalen Schlitz.

4. Beklebe die Baumkrone
   beidseitig mit deinen Blättern.

5. Stecke die Baumstammteile
   zusammen, sodass sie
   stehen.

▶ einen Text lesen und
  danach handeln

▶ Wolken, Wind und Wetter
  S. 129
▶ Im Jahreskreis S. 189

Bücher und andere Medien

In der Bücherei

1 Schaut euch das Bild an.

Was ist in einer Bücherei erlaubt, was ist nicht erlaubt?

▸ ein Bild genau betrachten
▸ Vorwissen aktivieren

Medienfreunde

◇ **1** Welche dieser Medien kennst du? Erzähle.

◇ **2** Welche hast du schon einmal
in einer Bücherei ausgeliehen?

▸ Leseinteressen formulieren
▸ über Leseerfahrungen
sprechen

▸ Lernen lernen S. 54, 55
▸ Bücher und andere Medien
S. 47

Lesen ist ...

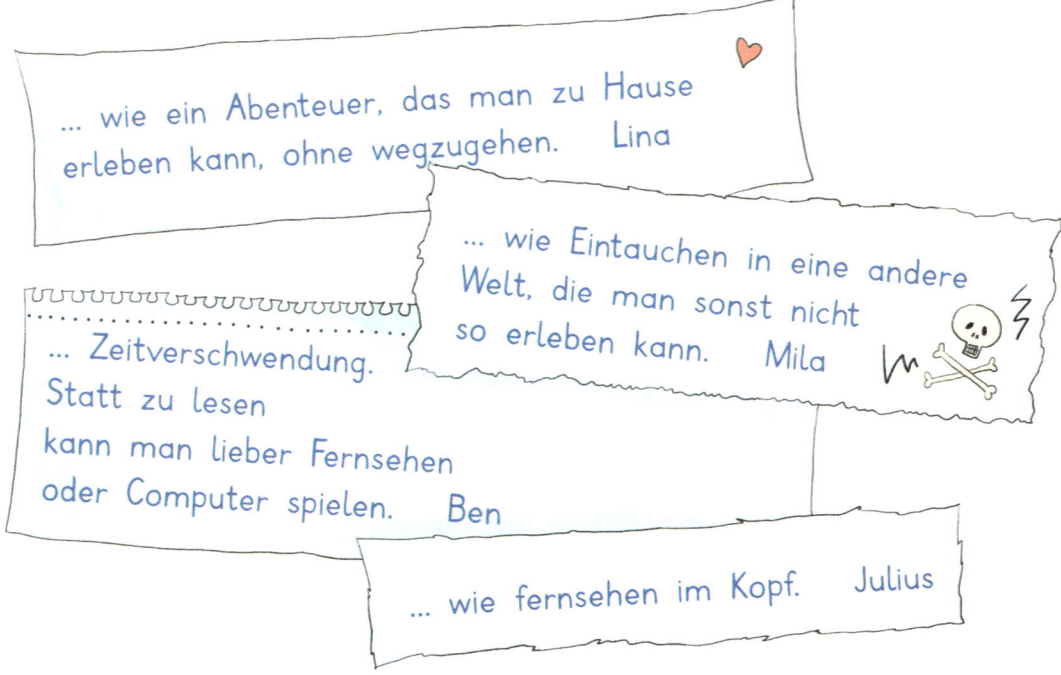

... wie ein Abenteuer, das man zu Hause erleben kann, ohne wegzugehen.   Lina

... wie Eintauchen in eine andere Welt, die man sonst nicht so erleben kann.   Mila

... Zeitverschwendung. Statt zu lesen kann man lieber Fernsehen oder Computer spielen.   Ben

... wie fernsehen im Kopf.   Julius

1 Sagt eure Meinung zu den Aussagen der Kinder.

Der berühmte deutsche Dichter Johann Wolfgang von Goethe hat viele Gedichte, Dramen und Geschichten geschrieben. Über das Lesen sagte er:

„Lesen ist eine Kunst. Ich habe achtzig Jahre dafür gebraucht und kann noch jetzt nicht sagen, dass ich am Ziel wäre."

2 Wie könnte Goethe seine Worte gemeint haben?

3 Was denkst du über das Lesen? Ergänze den Satz.
Lesen ist ...

▪ über Leseerfahrungen sprechen
▪ die eigene Meinung vertreten

Lesen mit Antolin

Was du mit Antolin machen kannst:

• Bei Antolin findest du Quizfragen zu Texten
  aus deinem Lesebuch und vielen Kinderbüchern.

• Suche nach Büchern, die dich interessieren.

Du liest zum Beispiel gerne Fußballbücher.
Gib im Internet die Seite www.antolin.de ein.
Danach gibst du das Wort **Fußball** ein
und klicke **Klasse 2** an.

Hier siehst du jetzt viele Fußballbücher.
Willst du mehr über ein Buch wissen, klicke es an.

Dann kannst du den Klappentext lesen.
Schreibe dir die Titel von interessanten Büchern auf.
Du kannst sie dir dann in der Bücherei ausleihen.

Wenn du mit deiner Klasse bei Antolin als Benutzer
angemeldet bist, kannst du Fragen zu Büchern beantworten,
die du gerade gelesen hast.
Melde dich mit deinem Benutzernamen und Kennwort an.
Gib den Titel des Textes oder Buches ein, zu dem du
die Fragen bearbeiten möchtest.

▶ Bücher auswählen
▶ im Internet Informationen
  suchen

▶ Lernen lernen S. 54, 55
▶ Bücher und andere Medien
  S. 45, 52

Der Autor Franz Fühmann

1 Franz Fühmann wurde 1922
geboren. Seit 1949 lebte er
in Märkisch Buchholz und in
Berlin. 1984 ist er gestorben.

5 Sein erstes Gedicht verfasste er
mit zehn Jahren.
Später schrieb er für Erwachsene
und besonders gern für Kinder.
Sie waren für ihn die dankbarsten
10 Leser.

In einem Interview sagte er einmal:

„Für Kinder schreiben, das ist einfach eine Freude
und Wohltat. Ich mach's also nicht zuletzt,
weil es mir unheimlichen Spaß macht."

15 Für seine Lieblingsleser verfasste er sogar Märchen
auf Bestellung. Weil seine Enkelin Marsha
ihn aufforderte: „Schreib doch mal zum Beispiel
über eine feuerspeiende Fee", entstand das Märchen
von der Fee, die Feuer speien konnte.
20 Einen Ausschnitt aus diesem Buch findet ihr
in diesem Kapitel auf Seite 50.

Ebenfalls auf Bestellung entstanden ist das Märchen
Anna, genannt Humpelhexe. Es handelt von einer
jungen Hexe, die humpelt. Aber dann kann sie doch
25 schneller rennen als alle anderen Fabelwesen.
Ein Mädchen mit einem kranken Bein hatte sich
diese Geschichte gewünscht.

▶ einen Autor kennenlernen

In seinen Kinderbüchern spielt Franz Fühmann
gern mit Sprache. Es gibt zum Beispiel eine Geschichte,
in der diese Wörter vorkommen:

Schnee
Schneesee
Schneeseeklee
Schneeseekleereh
Schneeseekleerehfee

1 Was fällt euch auf?

2 Schaut euch diese Wörter genau an
und entdeckt das Besondere an ihnen.

ELLE   EGGE   EBBE

RETTER

RENTNER   EHE   NEBEN

REGAL – LAGER   GRAS – SARG

NEBEL – ...   TON – ...

3 Hier könnt ihr mehr von Franz Fühmann lesen oder hören:

▸ mit Sprache spielen
▸ Kinderliteratur kennenlernen

Die Fee Anna Susanna und der Winterkönig

Franz Fühmann

1 Es war einmal ein Wald, in dem es niemals schneite.
Dieser Wald lag nicht im glühenden Afrika und
auch nicht im heißen Indien, er lag gar nicht weit weg
von der Stadt Berlin, hinter dem zweiundzwanzigsten
5 Hügel zwischen Sachsen und Mecklenburg.
Heute lebt kein Baum dieses Waldes mehr,
aber einige Urururenkel der Dachse,
die damals dort gesiedelt haben, sind heute so alt wie ihr.

In diesem Wald fiel niemals Schnee, weil ihn eine Fee
10 bewohnte, die Anna Susanna Lachdochmal hieß.
Diese Fee war so lustig und duftig und hatte so rosige
Sommersprossen und trug ein so wehendes maigrünes Kleid,
dass jedem, der sie nur ansah, ganz warm ums Herz wurde.
So geschah es auch den Wolken voll Schnee.
15 Wenn sie von Norden gezogen kamen,
wo der Winterkönig in seinem Schloss aus Eis wohnt,
flog Anna Susanna zu ihnen hoch,
kitzelte sie an den Raureifbacken und sagte:
„Guckt nicht so grimmig, lacht doch mal!"
20 Da wurde den Wolken ganz warm ums Herz,
und ihr Schnee fiel als milder Regen nieder.

Wie es in dem Wald aussah, könnt ihr euch wohl denken.
Das ganze Jahr wuchsen dort Pfifferlinge und Erdbeeren

und Anemonen, die Tiere trugen nur Sommerfelle,
25 die Bienen speicherten keinen Honig,
und weder die Igel noch die Mäuse hielten Winterschlaf.
Eines Tages kam der Winterkönig,
um nach dem Rechten zu schauen.
„Was soll denn das?", fragte er verwundert.
30 „Ringsum liegt tiefer Schnee, wie es sich
für einen Winterwald ziemt, und hier brummen
die Hummeln und duften die Veilchen!
Das ist ja eine verkehrte Welt!"

Da kam Anna Susanna geweht und kraulte dem König
35 den Eiszapfenbart und rief:
„Guck nicht so grimmig, lach doch mal!"
„Ich werde dir was pusten!", sagte der Winterkönig.
„Du bist ein unglaublich freches Ding.
Ich dulde nicht, dass du in mein Reich
40 so ein Loch voll ewigem Sommer machst,
wo Wiesen sprießen und Hasen grasen
und Hummeln brummen
und Linsen grinsen, als ob ich
gar nichts zu sagen hätte!
45 Ich werde dir schon zeigen,
wer winters hier der Herr ist!"

◇ **1** Warum fiel in dem Wald,
in dem die Fee lebte, niemals Schnee?

◇ **2** Male ein Bild von der Fee
Anna Susanna Lachdochmal.

◇ **3** Der Winterkönig sagt:
Das ist ja eine verkehrte Welt!
Wie hat er das gemeint?

▸ zu einer Geschichte malen   ▸ Texte verstehen S. 56   ▸ Hör-CD: Nr. 9
▸ Informationen entnehmen   ▸ Mit Geschichten umgehen
                                S. 90

Gufidaun kommt an

Bruno Blume

1   Martin ist Eishockeyspieler.
Er fährt dreimal in der Woche zum Training,
und an jedem Sonntag ist ein Meisterschaftsspiel.
Manchmal ist ihm das zu viel,
5   er ist ja erst acht Jahre alt und geht in die dritte Klasse.
Aber sie liegen in der Meisterschaft auf dem zweiten Platz
und wollen unbedingt Erste werden.
„Und dafür muss jeder sein Bestes geben", hat der Trainer
gesagt. „Ganz besonders der Torhüter."
10   Dabei hat er Martin fest in die Augen geschaut.
Martin ist Torhüter, und er mag seinen Trainer sehr.
Also lässt er kein Training aus.
Heute muss er mit dem Bus hinfahren.
Martin muss sich beeilen, damit er nicht zu spät kommt.
15   Aber er kann die große Sporttasche nicht finden.
Schließlich zieht er seine Eishockey-Ausrüstung gleich an.
„Dann muss ich mich nachher nicht mehr umziehen",
denkt er zufrieden und stapft aus der Wohnung.
Mit dem Brustpanzer für den Oberkörper, dem Unterleibschutz,
20   der gepolsterten Torwarthose, den Schonern für die Beine,
den verschiedenen Handschuhen, auf dem Kopf
die Torwartmaske, Schlittschuhe und Schläger
über der Schulter.
Er sieht unglaublich komisch aus.
25   Auf dem Eis macht das nichts, da erwarten alle,
dass er möglichst breit ist, um die Pucks
der Gegner abzuwehren.

Aber es ist ziemlich schwierig, so zu gehen.
Im Treppenhaus muss er sich
30   am Geländer festhalten,
um nicht die Stufen hinunterzustolpern.

▶ Bücher und ander Medien
S. 47

Als ihn Frau Lore erblickt, reißt sie die Arme hoch
und ruft erschrocken: „Zu Hilfe! Ein Außerirdischer!"
Martin rettet sie, indem er sagt: „Aber Frau Lore,
35 das bin doch ich, der Martin."

Unten auf der Straße wankt Martin zur Haltestelle
und zwängt sich durch die enge Tür in den wartenden Bus.
Auf dem kurzen Weg von der Bushaltestelle zur Eishalle
achtet er nicht darauf, was links und rechts von ihm geschieht.
40 So fällt ihm nicht auf, dass von der Wiese hinter der Halle
ein merkwürdiges Licht hervorscheint.
Und er bemerkt auch nicht, dass er beobachtet wird.

Nach dem Training versperrt ihm etwas den Weg!
Dick und unförmig, hopst es vor ihm auf und ab.
45 Ein Arm deutet dabei immerzu auf Martin.
Es sieht ganz so aus, als ob das dicke Ding etwas
von ihm will. Aber was oder wer ist das? Ist das ein Mensch?
„Unmöglich", denkt Martin, „so sieht doch keiner aus.
Obwohl: Frau Lore hat mich heute auch schon für einen
50 Außerirdischen gehalten."

○ **1** Wie oft geht Martin in der Woche
in die Eissporthalle?

◇ **2** Warum denkt Frau Lore, dass sie einen
Außerirdischen erblickt?

◇ **3** Wer könnte Martin unbemerkt beobachten?

▸ ein Kinderbuch kennenlernen   ▸ Lernen lernen S. 54
▸ Informationen entnehmen   ▸ Mit Geschichten umgehen
     S. 90

Ein Buch vorstellen

Es gibt verschiedene Möglichkeiten, ein Buch vorzustellen.

Du kannst z. B. ein Plakat zu deinem Buch gestalten
oder es deinen Mitschülern mündlich vorstellen.

1. Schritt: Stichpunkte aufschreiben
Ich schreibe Stichpunkte auf:

- Wie heißt das Buch? (Titel)
- Wer hat es geschrieben? (Autor)
- Was gefällt mir an dem Buch?
- Worum geht es in dem Buch?
  Von wem wird erzählt?
  Was geschieht?
  Welche wichtigen Orte kommen vor? …

2. Schritt: Textstelle suchen
Ich suche eine Textstelle aus, die mir besonders gut gefällt.
Ich übe das Vorlesen.

3. Schritt: Vortrag üben
Ich übe den Vortrag mehrmals laut.
Ich kann mir auch meinen ersten Satz und einen
Abschlusssatz aufschreiben.

> Ich zeige mein Titelbild am Anfang.

> Ich schreibe mir auf, was ich sagen möchte.

> Ich übe den Vorlesetext mit meinem Bruder.

▶ eine Methode kennenlernen
▶ Hilfen für eine Buch-
vorstellung kennenlernen

▶ Ich bin ich S. 103
▶ Fantasie und Abenteuer
S. 132, 136

Lernen lernen

Buchvorstellung

Lisa möchte ihr Lieblingsbuch vorstellen.
Dazu schreibt sie sich
einen Stichpunktzettel.

Titel:
Anna genannt Humpelhexe

Autor:
Franz Fühmann

Meine Lieblingsfigur im Buch:
Anna

Mir gefällt:
Anna zeigt es allen und hat gute Einfälle

In dem Buch geht es um:
- die kleine Hexe Anna
  mit zwei unterschiedlich
  langen Beinen, ihre Mutter,
  ihre Mitschüler
- Anna findet eine Lösung,
  damit sie nicht humpeln muss

Abschlusssatz:
...

▸ ein Kinderbuch auswählen   ▸ In der Schule S. 18
  und vorstellen   ▸ Bücher und andere Medien
                                S. 45, 47, 52

Zeilenangaben machen

Manchmal suche ich eine bestimmte Stelle im Text.
Dann helfen mir die Zeilenzähler dabei,
die Stelle zu benennen.
Eine Reihe im Text nennt man Zeile.

Gufidaun kommt an

Bruno Blume

**Zeilen-
zähler**

1 Martin ist Eishockeyspieler.    Zeile

2 Er fährt dreimal in der Woche zum Training,

3 und an jedem Sonntag ist ein Meisterschaftsspiel.

4 ...

1. Schritt: Text lesen
Ich lese den Text genau.

2. Schritt: Fragen lesen
Ich lese die Fragen zum Text.
Ich suche nun in jeder Frage
nach wichtigen Wörtern.
Diese Schlüsselwörter suche ich dann im Text.

3. Schritt: Stelle finden
Die Stelle, an der ich die Antwort
auf die Frage gefunden habe,
schreibe ich auf.
Das nennt man
eine Zeilenangabe machen.
Manchmal können das auch
mehrere Stellen im Text sein.

○ **1** Probiere diese Schritte an dem Text auf Seite 52 aus.

56
▸ eine Methode kennenlernen   ▸ In der Natur S. 35
▸ Fachbegriffe kennlernen   ▸ Bücher und andere Medien
       S. 51

Texte verstehen

Informationen im Internet suchen

Das Internet kannst du wie ein Lexikon benutzen.
Für Kinder sind dort besondere Suchmaschinen vorhanden.
Auf diesen Seiten kannst du dich gut zurechtfinden:

- www.blinde-kuh.de
- www.fragfinn.de
- www.helles-koepfchen.de

Auf der Internetseite schreibst du
einen Stichpunkt in das Feld **Suchen**.
Zum Beispiel das Wort **Blindenschrift**.
Klicke auf **Suchen**.

Du erhältst eine Auswahl von Seiten
zu deinem Stichwort.
Jetzt kannst du eine Seite
anklicken und sie lesen.

▶ im Internet Informationen
  suchen

▶ In der Natur S. 33
▶ Wolken, Wind und Wetter
  S. 115, 116, 121

Selbst reimen

Peratze perütze

Otto Julius Bierbaum

1 Peratze perütze,
wo ist meine Mütze,
perütze perause,
wo ist meine Krause,
5 perause peracke,
wo ist meine Jacke,
peracke perose,
wo ist meine Hose,
perofel periefel,
10 wo sind meine Stiefel?

○ **1** Worum geht es in diesem Gedicht?

○ **2** Welche Reime entdeckst du?

○ **3** Lies das Gedicht noch einmal.
Reime weiter.

○ **4** Schreibe deine neuen Reime auf.

Periefel perulli,
wo ist denn mein ...?
Perulli, perappe,
wo ist meine ...?
Perappe, perille,
wo ist meine ... ?
...

58
▸ Reime und Reimstruktur
erkennen
▸ Schreibmuster nutzen

▸ Mit Gedichten umgehen
S. 23, 40, 105
▸ In der Natur S. 29

▸ Hör-CD: Nr. 10

Mit Gedichten umgehen

Besondere Gedichte lesen und schreiben

Das Gedicht mit der 8

Barbara Rhenius

1 Letzte N 8
bin ich plötzlich aufgew 8
und hab ged 8:
„Hat da nicht einer Krach gem 8?"
5 Ich schlich ganz s 8
ans Fenster.
Doch draußen nichts als dunkle N 8!
Da hab ich über mich gel 8
und hab ged 8:
10 „Ich glaub, ich seh Gespenster!"

○ **1** Was ist das Besondere an diesem Gedicht?

○ **2** Lies das Gedicht vor.

Rosinchen träumt von Pferden

Barbara Rhenius

1 Es war in dunkler Mitternacht,
da ist Rosinchen aufgewacht.
Im Traum fiel sie vom Pferde.
„Wo bin ich nur?", hat sie gedacht,
5 denn sie war aus dem Bett gekracht.
Da lag sie auf der Erde.

○ **3** In diesem Gedicht ist die 8 vier Mal versteckt. Finde sie.

○ **4** Schreibe das Gedicht auf ein Schmuckblatt.
Schreibe für acht immer eine 8.

▸ eine Reimstruktur erkennen   ▸ Lernen lernen S. 36
▸ sinngestaltend vorlesen   ▸ Mit Gedichten umgehen
▸ ein Gedicht gestalten   S. 74

Bilder und Texte zuordnen

1

A Dunne hat ein glückliches Leben.
Sie kann viele wunderbare Momente
aufzählen, zum Beispiel
als sie endlich in die Schule kam.
Und als sie Ella Frieda kennenlernte,
die ihre beste Freundin wurde.

2

B Hirsch, Maus, Fisch und Erdmännchen
gehen gemeinsam auf eine Expedition.
Als ein Bär dazu kommt,
wird es richtig spannend.

3

C Seit Yakari die Sprache der Tiere
sprechen kann, erlebt er jeden Tag
neue Abenteuer.
Mit seiner besonderen Gabe
gelingt es ihm immer wieder,
Tieren in Not zu helfen.

4

D Küken, Welpen, Fohlen, Raupen
und Kaulquappen sind Tierkinder.
Wie leben sie?
Was fressen sie?
Welches Tierkind ist am größten?

1 Welches Buch gehört zu welchem Text?

▸ Texte und Bilder zuordnen   ▸ Mit Geschichten umgehen
▸ Informationen entnehmen   S. 72, 73

Ideenkiste

Ein Faltbuch herstellen

Du kannst dir selbst ein kleines Buch machen
und es mit eigenen Ideen füllen.

1. Falte ein DIN-A4-Blatt längs zu einem Dach. Klappe es wieder auf.

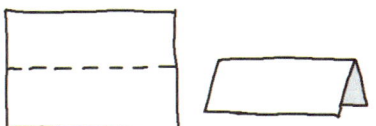

2. Falte das Blatt quer zu einem Dach.

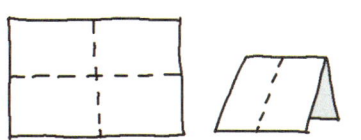

3. Falte beide Ränder zur Mitte. Es entsteht ein Zick-Zack-Dach.

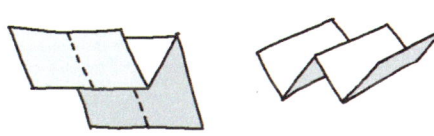

4. Schneide das Blatt bis zur Linie ein.

5. Klappe das Blatt vollständig auf. Falte es der Länge nach.

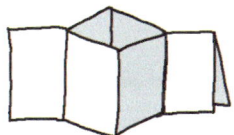

6. Schiebe das Blatt von beiden Seiten zusammen.

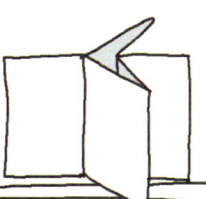

7. Falte das Blatt nun zu einem Buch.

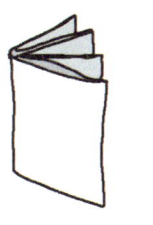

8. In dieses kleine Buch kannst du malen und schreiben.

▶ einen Text lesen und danach handeln

Tiere in Haus und Garten

Die Welt der Tiere

◇ **1** Betrachte das Bild. Erzähle.

2 Welche dieser Tiere eignen sich als Haustiere? Begründe.

◇ **3** Welche Tiere hättest du gern zu Hause?

▶ ein Bild genau betrachten
▶ erzählen und begründen
▶ Vorwissen aktivieren

Schnurpsenzoologie

Michael Ende

Im Urwald, Forschern unbekannt
lebt fröhlich der KAMELEFANT.

Durch Wüstensand trabt mit Gewackel
ein seltnes Tier, der DROMEDACKEL.

Im bunten Federkleid ganz leis
meckert im Stall die PAGAGEISS.

Mit viel Gequiek und viel Gewerkel
fliegt auf den Baum das MAIKÄFERKEL.

Es pikt im Bett mal dort, mal da
gestreift und platt das WANZEBRA.

Besonders schmerzenreiche Bisse
verursacht uns die NASHORNISSE.

Du meinst es gibt kein einz'ges Tier
von allen, die ich nannte hier?
Sei doch so gut und mal sie mir,
dann gibt es sie – auf dem Papier.

1 Welche Tiere haben sich
im Gedicht versteckt?

2 Welche dieser Tiere sollte man
nicht als Haustier halten?

3 Male Tiere der Schnurpsenzoologie.

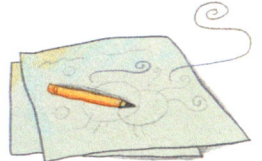

Die Olchis und der Schmuddel-Hund

Erhard Dietl

1 Der Müllberg ist für die Olchis ein Paradies.
Hier haben sie alles, was sie brauchen:
Matschpfützen, rostige Dosen, Fischgräten,
Ofenrohre und jede Menge anderen Krempel.

5 Olchi-Mama hat fein gekocht.
Es gibt Schmuddel-Eintopf mit geriebenen Schuhsohlen.
Und Rostnagel-Suppe mit Fahrradöl.

Nach dem Essen meckern die Olchi-Kinder:
„Was sollen wir spielen? Uns ist so furz-langweilig!"
10 „Setzt euch in eine Pfütze und macht
ein paar Matschknödel!", schlägt Olchi-Papa vor.
„Matschknödel sind auch furz-langweilig!",
brummelt das eine Olchi-Kind.

Olchi-Oma hat eine bessere Idee:
15 „Spielt doch mit unseren Haustieren!
Wir haben hier so nette Kröten
und Ratten, Fliegen und Spinnen!"
„Na gut", sagen die Olchi-Kinder.

Plötzlich sehen sie ein unbekanntes Tier
20 über den Müllberg laufen.
Es hat vier Beine und hinten einen lustigen Schwanz.
Mit seiner schwarzen Nase schnüffelt es im Müll herum.
„Das ist ein Hund!", erklärt ihnen Olchi-Opa.

Die Olchi-Kinder rennen
25 zu dem Hund hin.
Er hat ein weiches Fell
und lässt sich gerne streicheln.
„Du bist ein nettes Tierchen",
sagt das eine Olchi-Kind.
30 „Aber leider schrecklich
sauber!"

Die Olchi-Kinder reiben den Hund mit braunem
Matsch ein. Jetzt sieht er gleich viel krötiger aus.

In Olchi-Papas Badewanne
35 bekommt er
ein schönes Müllbad.
Danach müffelt er schön olchig.
„Läusefurz und Klopapier,
jetzt haben wir ein Müffeltier!",
40 freuen sich die Olchi-Kinder.

Da taucht ein feiner Herr am Müllberg auf.
Er blickt sich suchend um und ruft:
„Akira! Akira!"
Der Hund spitzt die Ohren und läuft zu ihm hin.
45 „Endlich hab ich dich gefunden!" freut sich der Mann.
„Ich hab dich so vermisst!"
Er nimmt den Hund an die Leine und rümpft die Nase.
„Meine Güte, wie du riechst! Und wie du aussiehst!
Wo hast du dich nur wieder gewälzt?"
50 „Er hat mit uns gespielt!", rufen die Olchi-Kinder.
„Er ist nämlich ein Schmuddel-Hund!"

◇ **1** Welche Tiere halten die Olchis als Haustiere?

◇ **2** Wie wird aus dem Hund Akira
ein Schmuddel-Hund?

▸ ein Kinderbuch kennenlernen ▸ Texte verstehen S. 38, 70
▸ Zusammenhänge herstellen ▸ Fantasie und Abenteuer
S. 147

Verkehrte Tierwelt

1 Was denken die Katzen in dem Comic?

2 Welche Wünsche hat das Kind?

3 Was weißt du über die Wünsche
von Tieren?
Erzähle.

▸ einen Comic lesen   ▸ Mit Geschichten umgehen
▸ Perspektiven einnehmen   S. 156
▸ über Gefühle sprechen

Hängebauch, Panzer und Flosse

1 Welche exotischen Tiere halten sich
Menschen heute als Haustiere?

Julia und Marie machen mit ihren Eltern
einen Ausflug ins Tierheim. Der Leiter erzählt,
dass die Menschen sich früher vor allem Hunde,
Katzen oder Wellensittiche als Haustiere wünschten.
Heute halten sich Menschen auch exotische Tierarten,
wie Schlangen, Chamäleons oder Spinnen.
Julia und Marie waren von einigen Haustieren
besonders beeindruckt.

2 Welche Haustiere haben Julia und Marie beschrieben?

Mein Tier hat zwei Flügel und
ist bunt. Es hat
zwei Beine mit Krallen
an den Füßen. Es kann
alles nachsprechen.
Es fühlt sich am wohlsten,
wenn noch ein zweites Tier
da ist. Wenn es alleine ist,
rupft es sich alle Federn aus.

Mein Tier lebt
in einem Aquarium.
Es hat keine Füße
und keine Flügel.
Es hat Flossen und
braucht Sand und Wasser,
damit es sich wohlfühlt.
Es kann verschiedene
Farben haben.

Mein Tier hat einen
grün-gelben Panzer.
Der Körper ist braun und
die Beine sind gelb-braun.
Das Gesicht ist länglich.
Man hält es in einem Käfig
oder es lebt im Zimmer.
Es frisst gern Salat, Mais
und Äpfel. Es kann den Kopf
im Panzer verstecken.

Mein Tier hat häufig Schlamm
am Bauch. Es hat einen
Hängebauch. Sein Fell ist
weich und manchmal hat
es braune Bauchflecken.
Es hat vier Beine und geht
Kindern bis zu den Knien.
Es lebt mit den Menschen
zusammen.

Mein Tier hat
eine rote Zunge und
ist richtig lang: vielleicht
drei Meter. Es ist manchmal
glitschig und kann beißen.
Es hat keine Beine.
Es bewegt den Körper
und dann entstehen Wellen.
So bewegt es sich fort.

3 Welches dieser Tiere
würdest du dir halten? Begründe.

4 Schreibe ein eigenes Rätsel
über ein Haustier.

▸ sinnverstehend lesen   ▸ Tiere in Haus und Garten
▸ Vorwissen aktivieren   S. 77
▸ Schreibmuster nutzen

69

Schwierige Textstellen verstehen

Texte können schwer zu verstehen sein,
weil sie schwierige Wörter oder Textstellen enthalten.

1. Schritt: Vor dem Lesen
Ich lese die Überschrift und überlege:
Worum geht es im Text?

2. Schritt: Text lesen
Ich lese den Text Absatz für Absatz.

3. Schritt: Eine Notiz machen
Ich schreibe Wörter oder Textstellen,
die ich nicht verstehe,
auf Zettel und klebe sie an den Rand.
Um die Wörter gut wiederzufinden,
schreibe ich auch die Zeilennummer auf.

Ahnen,
Zeile 1

4. Schritt: Erklärung finden
Ich finde heraus, was die Wörter oder Textstellen bedeuten:
- Ich lese die Sätze vor und nach
  der schwierigen Textstelle noch einmal
  und denke nach.
- Ich lasse mir erklären, was die Wörter bedeuten.
- Ich lese die Bedeutung der Wörter im Lexikon.

Probiere das mit dem Text auf der nächsten Seite aus.

▸ eine Methode kennenlernen   ▸ Tiere in Haus und Garten S. 64
▸ Lesestrategien kennenlernen   ▸ Märchen S. 154
       ▸ Im Jahreskreis S. 167, 170, 171, 183

Texte verstehen

Die Geschichte der Haustiere

Nina Jacobsen

1 Früher lebten die Ahnen unserer Haustiere
zusammen mit anderen Tieren ihrer Art
in der freien Wildbahn.
Hier hatten sie viel Auslauf und
5 waren stets in Bewegung.

Regelmäßig machten sie sich
auf die Suche nach Nahrung.
Ihre Jungen brachten sie
an besonders geschützten Orten
10 zur Welt und zogen sie dort auf.
Erst wenn diese sich selbst
versorgen konnten,
zogen sie eigenständig los.

In der Wildnis lauerten viele Gefahren.
15 Tiere, die sich nicht ausreichend
schützen konnten,
wurden die Beute anderer Tiere.

Manche Tiere verhungerten auch oder
überlebten ihre schweren Blessuren nicht.
20 Der Mensch nahm einige dieser Tiere
mit zu sich nach Hause.
Dort mussten die Wildtiere an die Menschen
und ihre Lebensweise gewöhnt werden.

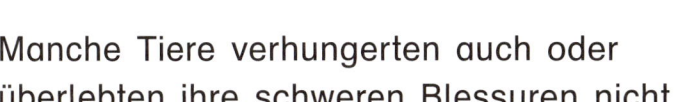

Ahnen,
Zeile 1

▸ Methoden zur Klärung
schwieriger Wörter und
Textstellen anwenden

▸ Wolken, Wind und Wetter
S. 116, 121

▸ Hör-CD: Nr. 12

Texte verstehen

Bilder und Texte zuordnen

Die ersten Wochen der Kätzchen

Helga Schön

1 Katzenbabys wiegen bei der Geburt
 70–100 Gramm, gerade so viel
 wie ein kleiner Apfel.
 Am Anfang ist ihr Fell noch kurz,
5 und die Katzenbabys sehen nackt aus.
 Sie können nicht sehen und nicht hören.
 Aber sie können ihre Mutter riechen.

Die Mutter füttert die Kleinen
mit ihrer Milch und beschützt sie.
10 Es dauert zehn Tage,
 bis die Kätzchen gucken können.

Mit drei Wochen laufen sie.
Neugierig untersuchen sie
die Welt um ihr Körbchen herum.
15 Jetzt wachsen ihnen
 auch die Milchzähne.

Sie beginnen, feste Nahrung zu fressen.
Die Katzenmutter zeigt den Kleinen,
wie man Mäuse fängt, und alles,
20 was sie für ihr Katzenleben
 lernen müssen. Drei Monate
 nach der Geburt sind sie selbstständig.
 Dann können sie in ein neues Zuhause
 wechseln.

1 Bringe die Bilder in die richtige Reihenfolge.

▶ Texte erschließen
▶ schwierige Wörter klären

▶ In der Natur S. 33
▶ Bücher und andere Medien
  S. 60

Hunde können sprechen

Nina Jacobsen

Hunde haben zwei Möglichkeiten, mit dir zu sprechen.
Sie können bellen, knurren oder winseln –
dann benutzen sie ihre Stimme.

Oder sie verändern ihre Körperhaltung und die Haltung
ihres Schwanzes – dann benutzen sie die Körpersprache.

1 Ein Hund streckt seinen Schwanz
gerade nach hinten oder oben,
wenn er wütend ist. Er zeigt seine
Zähne und knurrt oder bellt laut.

a

2 Wenn der Hund ängstlich ist,
zieht er den Schwanz ein
und legt die Ohren an.
Manchmal winselt er auch.

b

3 Freut sich der Hund oder
möchte er spielen, wedelt er kräftig
mit dem Schwanz oder springt
hoch. Manchmal bellt er dazu.

c
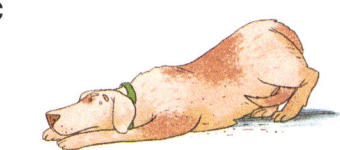

4 Ein ganz entspannter Hund
lässt seinen Schwanz
nach unten hängen
und hält den Kopf aufgerichtet.

d

1 Ordne die Bilder den Texten zu.

▶ Bilder und Texte zuordnen   ▶ Mit Geschichten umgehen
▶ Informationen entnehmen   S. 156, 159
                                 ▶ Märchen S. 149

Mit Geschichten umgehen

Gedichte verändern

Wenn beide Eltern Enten sind

Frantz Wittkamp

1 Wenn beide Eltern Enten sind,
2 ein ganz normaler Fall,
3 dann kriegen sie ein Entenkind
4 und keine Nachtigall.

◇ **1** Setze andere Tiernamen in das Gedicht ein.
Trage es dann vor.

Abendstunde

Hans Manz

1 Ein Kind geht.
2 Es geht und geht.
3 Geht und geht und geht –
4 zu Bett.

◇ **2** Was ist das Besondere an diesem Gedicht?

◇ **3** Verändere das Gedicht:
- Setze eine andere Person,
  ein Tier oder ein Ding ein.
- Was tut die Person,
  das Tier oder das Ding?
- Welche Überschrift passt
  dann dazu?

Fußball
Der Ball rollt.
Er rollt und rollt.
Rollt und rollt und rollt –
ins Tor.

Nico

◇ **4** Schreibe
dein Gedicht
auf.

Geburtstag
Ich warte.
Ich ...

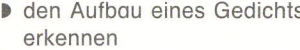

- den Aufbau eines Gedichts
  erkennen
- Schreibmuster nutzen

▶ Lernen lernen S. 36
▶ Mit Gedichten umgehen
  S. 59, S. 105

Der blaue Hund

Peter Hacks

1 Geh ich in der Stadt umher,
Kommt ein blauer Hund daher,
Wedelt mit dem Schwanz so sehr,
Nebenher,
5 Hinterher
Und verläßt mich gar nicht mehr.

Wedelt mit den blauen Ohren,
Hat wohl seinen Herrn verloren.

In Gedichten können Tiere ganz anders als in Wirklichkeit sein.

1 Was für einen Hund hat sich Peter Hacks ausgedacht?
Sprecht darüber.

2 Denk dir einen eigenen Hund aus.
Verändere das Gedicht an den markierten Stellen mit deinen Ideen:
• Wie soll er aussehen?
• Wie soll er sein?
• Was ist mit deinem Hund los?

3 Schreibe dein Gedicht auf und lies es vor.

4 Schreibe dein Gedicht auf ein Schmuckblatt, male ein Bild dazu und stelle es aus.

▶ Vorstellungen beim Lesen eines Gedichts entwickeln
▶ Schreibmuster nutzen
▶ Lernen lernen S. 36
▶ Tiere in Haus und Garten S. 63

Mit Gedichten umgehen

Übungskiste

Wörter in einen Lückentext einsetzen

Im Tierheim

In einem Tierheim ▭ Tiere
auf ein neues Zuhause.

Wenn ein Tier ins ▭ kommt,
wird es zuerst gründlich
von einem Tierarzt untersucht.

Ist es krank,
wird es ▭ gepflegt.

Erst dann kann ein neuer ▭
für das Tier gefunden werden.

In den meisten Tierheimen gibt es
einen ▭ für Hunde,
einen Bereich für Katzen
und einen Bereich für Kleintiere.

Zu den Kleintieren gehören
zum Beispiel Kaninchen,
Meerschweinchen und ▭.

Tiere brauchen viel Pflege.
Das kostet Zeit und ▭.

Man muss es sich gut ▭,
ob man sich ein Haustier anschafft.

Tierheim

warten

Bereich

gesund

Besitzer

Geld

überlegen

Vögel

○ **1** Arbeitet zu zweit.
  Einer liest den Satz, der andere findet das fehlende Wort.
  Lest dann den vollständigen Satz noch einmal vor.

76   ▸ Wörter in einen Lückentext   ▸ Miteinander leben S. 94   ▸ Hör-CD: Nr. 13
       einsetzen
     ▸ mit einem Partner arbeiten

Ideenkiste

Mein Fantasietier

◇ **1** Betrachte die Bilder. Beschreibe.

◇ **2** Findest du Ähnlichkeiten mit echten Tieren? Beschreibe.

◇ **3** Male ein Bild von deinem Fantasietier. Erfinde einen Namen.

◇ **4** Schreibe dazu, warum dein Tier besonders ist.

▶ ein Bild betrachten   ▶ Tiere in Haus und Garten
▶ Schreibideen entwickeln   S. 68

Miteinander leben

Wir leben miteinander

Grundschule

◇ **1** Was siehst du?

◇ **2** Was kennst du aus eigener Erfahrung?

▸ ein Bild genau betrachten
▸ über eigene Erfahrungen sprechen

▸ Mit Geschichten umgehen
S. 140

Mein kleiner Bruder

Christa Kozik

1 Dieser sieht ganz drollig aus,
Kulleraugen, wasserhell,
und die Haut wie Marzipan,
auf dem Kopf ein Mausefell.

5 Kann nicht sitzen und nicht stehn
und hat doch schon Beine.
Rekelt sich den ganzen Tag.
Zähne hat er keine.

Angeputzt wie eine Puppe
10 wird er fürs Spazierengehn,
Tanten quaken, streicheln ihn,
ich werd' gänzlich übersehn.

Dabei hab ich ihn ganz gerne,
wenn ich an sein Bettchen geh'
15 und ihm was erzählen will,
nuckelt er am großen Zeh.

Wenn er abends schlafen geht,
riecht er wie ein Kuchen.
Wenn ihr ihn mal riechen wollt,
20 könnt ihr uns besuchen.

◇ **1** Was gefällt dem Geschwisterkind an seinem Bruder?

◇ **2** Was gefällt ihm nicht? Lies vor.

◇ **3** Was bedeutet **auf dem Kopf ein Mausefell**? Erkläre es.

▸ über Gefühle nachdenken ▸ Miteinander leben S. 84, 85
▸ Ich bin ich S. 99

Von dem Jungen, vor dem alle Angst hatten

Elisabeth Stiemert

1 In der Dreierlei-Straße wohnte ein Junge,
vor dem alle Angst hatten.
Der Junge wohnte hier noch nicht lange.
Er war größer als die anderen Kinder und er saß
5 auf der Treppe vor seinem Haus einfach so da.

Jeden Tag saß der Junge auf der Treppe und er machte
meistens ein böses Gesicht. Sonst machte er nichts.
Manchmal spuckte er allerdings, aber nur auf die Straße.
Manchmal pfiff er auch laut.
10 Er steckte zwei Finger in seinen Mund
und pfiff dann wirklich ganz laut.
Manchmal boxte er auch in die Luft.
Mit zwei Fäusten boxte er vor sich hin, als ob
jemand da wäre, den er so boxte.
15 Aber er saß immer auf seiner Treppe dabei.
Trotzdem hatten die anderen Angst.
Wenn die Kinder aus der Dreierlei-Straße einkaufen
mussten, gingen sie nicht an dem Jungen vorbei.
Sie gingen hinüber auf die andere Seite der Straße.
20 Und wenn der Junge zu ihnen hinsah, liefen sie schneller.

Manche glaubten, der Junge hätte ein Messer.
Manche glaubten auch, er nehme ihnen das Geld,
das sie zum Einkaufen brauchten, und Spielsachen
machte er sicher kaputt. Ein Junge, der immer
25 so böse guckte, machte sicherlich alles kaputt.
Und bestimmt haute er kleinere Kinder.

Einmal kam ein Kind zu Besuch
in die Dreierlei-Straße,
und nach dem Kaffeetrinken
30 kam das Kind heraus.

▶ eine Geschichte antizipieren
▶ szenisch spielen
▶ Hauptgedanken eines Textes erfassen

Es hatte einen Ball mitgebracht
und wollte sehr gerne spielen. Das Kind ging
mit dem Ball zu dem Jungen.
Es wusste ja nicht, dass die anderen vor ihm Angst hatten.
35 „Wollen wir spielen?", fragte das Kind diesen Jungen.
Der Junge guckte erstaunt. Dann stand er auf
von der Treppe und lachte.

„Los", sagte der Junge, „wir spielen Torschießen!"
Die anderen Kinder aus der Dreierlei-Straße sahen sich an,
40 wie der Junge mit dem fremdem Kind spielte.
Sie standen weit weg. Aber sie sahen,
dass der Junge auch lachte.
„Vielleicht hat der Junge kein Messer", dachten sie jetzt.
„Vielleicht nimmt er kein Geld weg."
45 „Vielleicht macht er auch gar nichts kaputt
und sicherlich haut der Junge auch keinen."
Morgen wollten sie ihn fragen, ob er Lust hätte,
mit ihnen zu spielen.

○ **1** Was macht der Junge auf der Treppe? Lies vor.

○ **2** Was denken die Kinder über den Jungen?

◇ **3** Warum denken die Kinder am Ende anders über den Jungen?

◇ **4** Spielt die Geschichte nach.

▶ Mit Geschichten umgehen S. 91   ▶ Hör-CD: Nr. 14
▶ Theater spielen S. 142

Familien können ganz verschieden sein

Das ist Mias Familie.
Mia hat vier Geschwister.

Nino lebt meistens
bei seinem Vater.
Am Wochenende
und in den Ferien ist er
bei seiner Mutter.

Lisa und Robert wohnen
bei der Mutter
und ihrer Freundin.

Hendrik und Marie leben
bei Maries Mutter
und Hendriks Vater.
Am Wochenende sind sie
oft bei den anderen
Elternteilen.

5

Sofias Mutter konnte
nicht für Sofia sorgen.
Da haben Bernd und
Luise sie adoptiert.
Bernd und Luise sind
ihre Adoptiveltern.

6

Meist ist Alexander
mit seiner Mutter allein.
Alexanders Vater
arbeitet im Ausland und
kommt nur manchmal
nach Hause.

7

Diese Kinder leben in einem SOS-Kinderdorf mit Isabelle
als Mutter und vielen Geschwistern. Die Eltern konnten
nicht für die Kinder sorgen oder sind gestorben.

1 Seht euch zu zweit die Bilder an. Lest die Texte.
Wie unterscheiden sich die Familien?

2 Male deine Familie und schreibe dazu.

▶ Informationen aus Bild und
Text entnehmen
▶ Schreibideen entwickeln

Luis und Amanda

Judy Blume

1 Meine Schwester heißt Amanda.
Ich nenne sie immer die Superschlaue,
denn sie bildet sich ein, sie sei superschlau.

Sie sagt: „Ich bilde mir das nicht nur ein,
5 ich weiß es!"
Wenn sie das sagt, lache ich mich immer schlapp.
Dann wird sie wütend.
Es macht Spaß, sie wütend zu machen.

Wen interessiert schon,
10 ob sie in der dritten Klasse ist
und ich in der ersten?
Davon wird sie auch nicht schneller.
Oder stärker. Oder auch nur schlauer.

Ich verstehe nicht,
15 warum Mama und Papa immer so tun,
als wäre sie was Besonderes.
Manchmal glaube ich,
sie mögen sie lieber als mich.

1 Mein Bruder heißt Luis, aber alle nennen ihn Lu.
   Alle außer mir.
   Ich nenne ihn Nervzwerg, denn genau das ist er.
   Ein erstklassiger Nervzwerg.

5 Und das wird er immer bleiben,
   auch wenn er hundert Jahre alt wird.
   Selbst dann bin ich immer noch zwei Jahre älter als er.
   Und weiß immer noch besser über alles Bescheid.
   Und weiß immer noch genau, was er gerade denkt.
10 So ist das nun mal.

   Ich verstehe nicht, warum Mama und Papa immer so tun,
   als wäre er was Besonderes. Manchmal glaube ich,
   sie mögen ihn lieber als mich.

1 Warum nennt Amanda Luis Nervzwerg?

2 Warum nennt Luis seine Schwester
   die Superschlaue?

3 Wie kommen Luis und Amanda darauf,
   dass die Eltern das Geschwisterkind
   lieber mögen?

4 Wer von beiden hat recht?

▶ Informationen entnehmen   ▶ Miteinander leben S. 79   ▶ Hör-CD: Nr. 15
▶ Gedanken formulieren   ▶ Ich bin ich S. 99
▶ ein Kinderbuch kennenlernen

Lisas Vater

Marjaleena Lembcke

1 Lies und beantworte die Fragen:
- Wo und bei wem lebt Lisa?
- Wo wohnt Lisas Vater?
- Wie oft kommt Lisas Vater nach Frankfurt?

1 Lisas Vater wohnt in München.
Lisa lebt mit ihrer Mutter in Frankfurt.
München und Frankfurt sind
ziemlich weit voneinander entfernt.
5 Mit dem Zug fährt man ungefähr drei Stunden.
Mit dem Auto auch.
Manchmal nimmt Lisas Vater das Flugzeug,
wenn er Lisa besucht. Er kommt immer,
wenn er Zeit hat. Also etwa alle zwei Wochen.
10 Lisa freut sich jedes Mal riesig,
wenn sie ihn sieht. Und wie gerne
würde sie ihrer besten Freundin zeigen,
wer ihr Vater ist.

2 Lies weiter und beantworte die Fragen:
- Wem will Lisa unbedingt ihren Vater zeigen?
- Zu welchem Fest will Lisas Vater kommen?

Lisas beste Freundin heißt Anneli,
15 und obwohl sie schon fast drei Jahre
zusammen in denselben Kindergarten gehen,
hat Anneli Lisas Vater noch nie gesehen.
Denn seit drei Jahren leben Lisas Eltern getrennt,
und da ihr Vater immer nur am Wochenende da ist,
20 hat er Lisa noch nie zum Kindergarten gebracht
oder sie von dort abgeholt.
Auch die Sommerfeste hat er alle verpasst.

86

Aber Lisas Vater hat versprochen, dass er
auf jeden Fall zu dem allerletzten Kindergartensommerfest
25 kommen wird. Im Herbst beginnt für Lisa nämlich die Schule.
Und für Anneli auch.

„Mein Vater fliegt am Freitag mit dem Flugzeug
zu uns nach Frankfurt", erzählt Lisa Anneli.
„Damit er früh genug da ist. Und am Samstag
30 gehe ich mit meiner Mutter und meinem Vater
und mit Oma und Opa zum Kindergartenfest.
Du kannst mit uns gehen, wenn du willst."
Anneli schüttelt den Kopf.
„Ich gehe doch mit meinen Eltern und meinen Großeltern."
35 „Ich zeig dir dann meinen Vater", sagt Lisa.
„Er ist sehr groß."
„Mein Vater ist auch ziemlich groß", sagt Anneli.
„Väter sind groß."

3 Warum kann der Vater dann doch nicht kommen?

Am Freitag wartet Lisa aufgeregt darauf,
40 dass sie endlich zum Flughafen fahren.
Gerade, als sie losfahren wollen,
klingelt das Telefon. Es ist Lisas Vater.
Erst redet er mit Lisas Mutter,
dann will er Lisa sprechen.
45 „Mein Schatz, es tut mir leid,
mir ist etwas dazwischengekommen.
Ich kann jetzt doch nicht hier weg.
Wir haben einige Probleme in der Firma.
Das verstehst du doch, oder?"

50 „Nein", sagt Lisa und legt auf.

4 Wie fühlt sich Lisa am Ende der Geschichte?

▸ sinnverstehend lesen
▸ Fragen beantworten

▸ Hör-CD: Nr. 16

Zusammenarbeiten

Manche Aufgaben kann ich besser mit einem Partner
oder in einer Gruppe bearbeiten.

1. Schritt: Überschrift lesen
Wir schauen uns gemeinsam
die Überschrift und die Bilder an.
Wir vermuten, worum es gehen könnte.

2. Schritt: Text lesen
Wir lesen den Text:
- entweder leise jeder für sich,
- oder halblaut immer abwechselnd,
- oder einer liest den ganzen Text vor.

3. Schritt: Aufgaben lesen
Wir lesen die Aufgaben.
Wir erklären uns, was wir tun sollen.

4. Schritt: Aufgaben bearbeiten
Wir bearbeiten gemeinsam die Aufgaben.
Dabei sprechen wir leise über unsere Ideen.

Tipp

- Wir sind freundlich zueinander.
- Wir arbeiten alle mit und hören uns gegenseitig zu.
- Wenn wir etwas aufschreiben müssen,
  einigen wir uns, wer schreibt.
- Wir sprechen zum Abschluss darüber,
  wie die Zusammenarbeit geklappt hat.

Probiert diese Schritte auf der nächsten Seite aus.

◗ eine Methode kennenlernen
◗ Regeln für das soziale
  Miteinander kennenlernen

▶ In der Schule S. 25, 26, 27
▶ In der Natur S. 28, 42
▶ Miteinander leben S. 95

Lernen lernen

Alle Zeit der Welt

Antje Damm

1 Was macht ihr gern, wenn ihr ganz viel Zeit habt?

2 Habt ihr schon mal erlebt, dass ihr oder jemand anderes gar keine Zeit hatte? Sprecht darüber.

3 Was fällt euch sonst noch zum Thema **Zeit** ein?
Schreibt eure Ideen auf.

> Die Zeit in der Schule geht manchmal schnell um. Manchmal aber auch langsam.

> Hast du heute Zeit? Wollen wir zusammen spielen?

Eine Geschichte gemeinsam weitererzählen

Ein Insel-Abenteuer

Ursula Schwarz

1 Ein Forscher ist auf dem Meer in ein Unwetter geraten.
Tag und Nacht treibt er in seinem Boot auf dem Wasser.
Irgendwann schläft er erschöpft ein.

Da weckt ihn plötzlich ein heftiger Ruck.
5 Das Boot ist auf einer Insel gestrandet.
Genauer gesagt, ein spitzer Felsen hat es aufgespießt.
Ist das die Rettung?

Der Forscher schaut sich um.
Er sieht den felsigen Strand, einen dichten Urwald
10 und einen mächtigen Vulkan. Es ist still und sehr heiß.
Ob die Insel bewohnt ist?
Gibt es hier Trinkwasser und etwas Essbares?
Und wie soll er von hier wieder fortkommen?

Hier versteckt sich
ein gefährlicher Tiger.

○ **1** Malt die Insel auf einen großen Bogen Papier,
ergänzt eure Ideen, und erzählt die Geschichte
gemeinsam weiter.

○ **2** Stellt euer Bild und eure Geschichte in der Klasse vor.

▸ eigene Gedanken zu Texten
entwickeln
▸ eigene Texte präsentieren
▸ Bücher und andere Medien
S. 51, 53
▸ Im Jahreskreis S. 174

Eine Geschichte weiterspielen

Auf dem Spielplatz

Anna Apelt

1 Die Kinder wippen.
Paul sitzt im Rollstuhl
und schaut zu.
Anne soll auf ihn achten.
5 Anne wippt mit Cansu.
Paul schaut zu.
Jan wippt mit Cansu.
Paul schaut zu.
Sinan wippt mit Anne.
10 Paul schaut zu.
Da hat Anne eine Idee.

○ **1** Spielt die Geschichte bis hierhin.

⦂ **2** Sprecht darüber:
Wie hat Paul sich in der Geschichte gefühlt?

⦂ **3** Spielt die Geschichte weiter.
Welche Idee könnte Anne haben?

⦂ **4** Lest nun dieses Ende der Geschichte.
Vergleicht es mit euren Lösungen.

Auf einer Bank sitzen ein paar Jugendliche. Anne läuft hin.
„Paul will mal wippen", sagt sie und zeigt auf den Rollstuhl.
Die Jugendlichen auf der Bank sehen sich an. Ein Junge
15 nickt. „Das wird sich machen lassen", sagt er.

▸ eine Perspektive einnehmen ▸ Miteinander leben S. 80
▸ eine Geschichte antizipieren ▸ Im Jahreskreis S. 168, 174

Einen Text mit verteilten Rollen lesen

Manche Texte kann man mit verteilten Rollen lesen.

1. Schritt: Text allein lesen
Ich lese den Text still für mich.

2. Schritt: Rollen verteilen
Wir klären gemeinsam, wie viele Personen
im Text vorkommen. Wir verteilen die Rollen.

3. Schritt: Text mit verteilten Rollen lesen
Wir lesen den Text gemeinsam.
Der eine liest seine Rolle laut,
der andere liest still mit. Wir wechseln uns ab.

4. Schritt: Betonung beachten
Wir probieren aus, welche Betonung am besten passt.
Wir lesen den Text mehrmals gemeinsam gut betont vor.

Probiert das mit dem Text auf der nächsten Seite aus.

▶ Zusammenarbeiten
▶ Methoden zum Umgang
   mit Texten kennenlernen
▶ Wolken, Wind und Wetter
   S. 118
▶ Im Jahreskreis S. 177, 186

Der Streit

Anita Hübner

Louis: Du hast jetzt lange genug mit meinen Buntstiften
gemalt. Gib sie mir sofort zurück!

Jonas: Das kannst du vergessen!
Du hast gesagt, dass ich sie nehmen kann.

Louis: Ja, aber jetzt brauche ich sie selbst!

Jonas: Da hast du eben Pech!
Ich bin noch nicht fertig mit meinem Bild.

Louis: Wenn du sie mir nicht gleich gibst,
kannst du mich mal kennenlernen!

Jonas: Da bin ich aber gespannt.
Willst du mich hauen?

Louis: Nein, aber ich nehme gleich dein Bild
und zerreiße es! Dann brauchst du
keine Buntstifte mehr!

Jonas: Du bist gemein!

Louis: Nein, du bist gemein, weil du mir
meine Sachen nicht zurückgibst.

Jonas: Erst sagst du, ich kann die Stifte nehmen, und nach
einer Minute willst du sie schon wiederhaben.

Louis: Lüg nicht, du malst jetzt schon ganz schön
lange damit!

Jonas: Ich bin ja auch gleich fertig.
Ich brauche nur noch kurz den grünen
und den blauen Stift.
Die anderen kannst du schon haben.

Louis: Na gut. Dann bleibt dein Bild heil.
Wäre auch ziemlich schade darum.
Es gefällt mir nämlich ganz gut.

Jonas: Danke, dass du mir die Stifte geborgt hast.
Hier hast du sie zurück.

Louis: Tut mir leid, dass ich so wütend war.

▶ einen Text sinngestaltend   ▶ Theater spielen S. 142   ▶ Hör-CD: Nr. 17
mit einem Partner vorlesen

Theater spielen

Stolperwörter finden

○ **1** Lies die Geschichte Satz für Satz.
In jedem Satz passt ein Wort nicht.
Tippe mit dem Finger auf das Stolperwort.

◇ **2** Schreibe die Stolperwörter hintereinander auf.
Alle zusammen ergeben einen Lösungssatz.

Wer ich bin und was ich mag

1 Ich heiße Tom, und ich bin sieben Adrian Jahre alt.
Mit meiner Familie wohne ich in einer großen ist Stadt.
Meine Schwester ein Pia ist neun Jahre alt.
Aki gehört guter auch zur Familie.
5 Er ist ein Hund, und ich mag ihn sehr Freund gern.
Am und Wochenende besuche ich oft meine Großeltern.
Mit meinem Opa erlebe ich immer tolle Sachen Lisa.
Mein Opa kann spannende Geschichten ist erzählen.
Ich meine spiele auch gerne Fußball in einer Mannschaft.
10 Mein Freund Luca und ich gehen am Freitag
immer Freundin zum Training.

◇ **3** Schreibe selbst einige Sätze auf.
Verstecke Stolperwörter darin.
Lass ein anderes Kind diese Wörter finden.

▶ syntaktisch unpassende
Wörter finden
▶ Schreibmuster nutzen

▶ Tiere in Haus und Garten
S. 76

Ideenkiste

Mein geheimer Freund

Jedes Kind der Klasse schreibt
seinen Namen auf einen Zettel,
faltet ihn und legt ihn in eine Kiste.
Dann darf jedes Kind
einen Zettel ziehen.

Lies den Namen, der auf deinem Zettel steht, nur für dich.
Du darfst niemandem verraten, wen du gezogen hast.
Jetzt weißt nur du, wer in der nächsten Woche
dein geheimer Freund ist.
Auch dein geheimer Freund darf dies nicht wissen.

Zu deinem geheimen Freund
solltest du besonders freundlich sein.
Du kannst dir auch etwas Besonderes für ihn überlegen.
Aber übertreibe es nicht!
Nach einigen Tagen darf jedes Kind raten,
wer wohl der geheime Freund war.
Toll ist es, wenn man seine Meinung begründen kann.

Alle Namenszettel werden wieder eingesammelt.
In der nächsten Woche beginnt das Spiel von vorne.

▸ einen Text lesen und   ▸ Lernen lernen S. 88
  danach handeln

Ich bin ich

DAS BIN ICH

BIN ICH GLÜCKL ?

BIN ICH ÄNGSTL ?

BIN ICH FRÖHL ?

BIN ICH HÖFL ?

Eins ist immer richtig: ICH BIN W ICH TIG!

◇ **1** Beschreibe das Bild.

◇ **2** Warum ist jedes Kind wichtig?

Ich

Anne Steinwart

Ich kann rennen,
tanzen, springen,
kann ein Lied
mit sieben Strophen
singen.

Ich kann weinen,
und kann lachen,
kann Handstand und
ein bisschen Salto
machen.

Ich kann verstehen,
was du meinst,
kann dich trösten,
wenn du
weinst.

Ich kann dir
Pfannekuchen backen
und wenn du müde bist,
dann kraul ich deinen
Nacken.

◇ **1** Was kann das Kind im Gedicht?
Was würdest du davon gern können?

◇ **2** Was kannst du?

◇ **3** Schreibe über dich:
Ich kann ...

▶ über sich selbst sprechen   ▶ Lernen lernen S. 37   ▶ Hör-CD: Nr. 18

▶ Schreibideen entwickeln   ▶ Theater spielen S. 25

                      ▶ Ich bin ich S. 98, 100

Über sich selbst nachdenken

⊘ **1** Beantworte die Fragen.
Mache dir Notizen zu deinen Gedanken.

⊘ **2** Suche dir vier Fragen aus und stelle sie einem Partner.
Welche Gemeinsamkeiten habt ihr?

▸ über eigene Gedanken und
Gefühle sprechen
▸ Fragen formulieren
▸ Lernen lernen S. 88, 89
▸ Ich bin ich S. 97

Ein Tiger will lesen

Anne Steinwart

1 Toni sieht aus wie Toni. Aber nur von außen.
Innen fletscht er die Zähne. Innen ist Toni ein Tiger.
Wegen Niklas!
Der sitzt im Wohnzimmer auf dem Sofa und liest.
5 Niklas ist Tonis großer Bruder. Er liest ein Buch,
das Toni gehört! Er hat nicht gefragt, ob er das darf.
Nie fragt er Toni.
Toni schleicht sich heran und springt mit einem Satz
– rums, krach! – auf das Sofa.
10 Niklas schaut nicht einmal auf.
„Was willst du?", fragt er unfreundlich.
„Nichts", antwortet Toni und streckt sich lang aus.
Ein Tiger braucht Platz!
Niklas rückt ein Stück weg und zischt: „Hau ab!"
15 Er hat keine Ahnung, dass ein Tiger neben ihm sitzt.
Tonis Augen funkeln gefährlich. Aber er fragt ganz ruhig:
„Ich störe dich? Wobei denn?"
Niklas explodiert. „Das siehst du doch. Ich lese.
Hau endlich ab!"
20 Toni schleckt mit seiner Riesenzunge über sein Maul.
Und mit seinen Tatzen reißt er Niklas das Buch
aus der Hand. Er hat gewonnen.
„Das ist mein Buch. Ich lese jetzt.
Und du haust ab. Du störst!"
25 Zufrieden kuschelt er sich ins Sofa.
Niklas guckt ihn verdattert an.
„Giftzwerg", sagt er und geht.

○ **1** Warum ist Toni auf seinen großen Bruder sauer?

◌ **2** Warum wird Toni zum Tiger?

▶ Perspektiven einnehmen   ▶ Miteinander leben S. 79, 84
▶ über Gefühle sprechen

Was ich mag

Minne

1 Ich mag die Wiese
hinter Omas Haus:
Da geht es bergab
und ich lege mich lang hin
5 und rolle herunter.
Gestern haben mein Bruder
und ich uns umarmt und sind
zusammen hinuntergerollt.
Das war noch viel toller.

10 Ich mag den Duft von Toastbrot,
wenn ich morgens in die Küche komme.

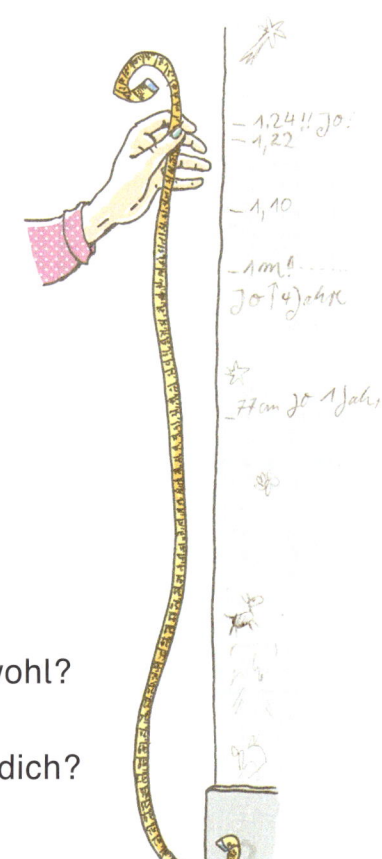

Ich mag es, wenn Mama misst,
wie groß ich bin, und sagt:
„Das ist ja unglaublich!
15 Lass noch mal sehn!
Stehst du auch bestimmt nicht
auf Zehenspitzen?
Also, dann bist du
schon wieder gewachsen!"

1 Was mögen diese drei Kinder? Warum wohl?

2 Was magst du gern? Worüber freust du dich?
Schreibe es auf.

3 Male ein Bild zu deinem Text.

- Informationen entnehmen
- Schreibmuster nutzen
- zu einem Text malen

- Lernen lernen S. 37, 89
- Ich bin ich S. 97, 98

Freunde?

Lieber Wladimir,

neulich ist mir etwas passiert,
das hat mich ganz traurig gemacht.
Im Unterricht hörte ich, wie sich meine Freunde David
und Tim zum Schwimmen verabredeten.
Ich sagte, dass ich gerne mitkommen würde.
Nachmittags bin ich zum See gefahren.
Ich freute mich, als ich die Jungen entdeckte.
Schnell legte ich meine Decke neben den beiden aus.
David rutschte ein Stück beiseite.
Als ich fragte, ob sie mit ins Wasser kommen möchten,
sagten sie nein. Aber dann murmelten sie
und plötzlich rannten sie zum Wasser.
Ich blieb auf meiner Decke liegen. Ich war sehr traurig
und habe mich alleine gefühlt.
Nach einer Weile habe ich meine Tränen weggewischt
und meine Sachen eingepackt. Ich wollte nur noch weg.

Ist dir so etwas auch schon einmal passiert?
Wie hast du dich gefühlt und
was hast du dann gemacht?

Dein Max

1 Warum wollte Max nur noch weg?

2 Wie fühlte sich Max, als die Jungen schwimmen gingen?

3 Schreibe Max einen Brief zurück.
Beantworte seine Fragen.

Irgendwie Anders

Kathryn Cave, Chris Riddell

1 Auf einem hohen Berg, wo der Wind pfiff,
lebte ganz allein und ohne einen einzigen
Freund *Irgendwie Anders*.
Er wusste, dass er irgendwie anders war,
5 denn alle fanden das.
Wenn er sich zu ihnen setzen wollte oder
mit ihnen spazieren gehen oder
mit ihnen spielen wollte, dann sagten sie immer:
„Tut uns Leid, du bist nicht wie wir.
10 Du bist irgendwie anders. Du gehörst nicht dazu."

Irgendwie Anders tat alles,
um wie die anderen zu sein.
Aber es half alles nichts.
Er sah nicht so aus wie die anderen
15 und er sprach nicht wie sie.
Er malte nicht so wie sie.
Und er spielte nicht so wie sie.
Und was er für komische Sachen aß!

Irgendwie Anders ging traurig nach Hause.
20 Er wollte gerade schlafen gehen, da klopfte es an der Tür.
Draußen stand jemand – oder etwas.
„Hallo!", sagte es. „Nett, dich kennenzulernen.
Darf ich reinkommen?"
„Du hast dich wohl in der Tür geirrt", sagte *Irgendwie Anders*.
25 Das Etwas schüttelte den Kopf.

„Kenn ich dich?", fragte *Irgendwie Anders* verwirrt.
„Ob du mich kennst?", fragte das Etwas und lachte.
„Verstehst du denn nicht!", rief das Etwas.
„Ich bin genau wie du! Du bist irgendwie anders – und ich
30 auch." Und es streckte wieder seine Pfote aus und lächelte.

Irgendwie Anders war so verblüfft,
dass er weder lächelte noch die Pfote schüttelte.
„Wie ich?", sagte er. „Du bist doch nicht wie ich!
Du bist überhaupt nicht wie irgendwas, das ich kenne.
35 Tut mir Leid, auf jeden Fall bist du nicht genauso
irgendwie anders wie ich!"
Und er ging zur Tür und öffnete sie. „Gute Nacht!"

Das Etwas war gerade gegangen, da fiel es ihm
plötzlich ein. „Warte!", rief *Irgendwie Anders*.
40 „Geh nicht weg!"
Er rannte hinterher, so schnell er konnte.
Als er das Etwas eingeholt hatte, griff er
nach seiner Pfote und hielt sie ganz, ganz fest.
„Du bist nicht wie ich, aber das ist mir egal.
45 Wenn du Lust hast, kannst du bei mir bleiben."
Und das Etwas hatte Lust.
Seitdem hatte *Irgendwie Anders* einen Freund.
Sie waren verschieden, aber sie vertrugen sich.

Und wenn jemand an die Tür klopfte,
50 der wirklich sehr merkwürdig aussah,
dann sagten sie nicht
„Du bist nicht wie wir"
oder „Du gehörst nicht dazu".
Sie rückten einfach
55 ein bisschen zusammen.

◇ **1** Warum will niemand mit ihm spielen?

◇ **2** Wie reagiert *Irgendwie Anders*
auf den unerwarteten Besuch?

◇ **3** Hast du dich schon mal
ausgeschlossen gefühlt? Erzähle.

Ein Gedicht auswendig lernen und vortragen

Diese Schritte helfen dir,
ein Gedicht auswendig zu lernen.

1. Schritt: Gedicht lesen
- Ich lese das Gedicht
  oder lasse es mir vorlesen.
- Ich stelle mir dabei vor,
  was im Gedicht erzählt wird.
- Ich finde Bewegungen zu dem Gedicht
  oder male dazu.

2. Schritt: Gedicht lernen
- Ich lese das Gedicht mindestens zweimal laut.
- Dann spreche ich zweimal die Überschrift und den Autor.
- Ich wiederhole es und spreche den ersten Vers.
  Den nächsten Vers spreche ich erst,
  wenn ich mir alles merken konnte.
- Ich übe so lange, bis ich das Gedicht auswendig
  und gut betont sprechen kann.

3. Schritt: Gedicht vortragen
- Ich stelle mich vor die Zuhörer
  und warte, bis alle leise sind.
- Die Zuhörer schaue ich an.
- Ich spreche das Gedicht langsam,
  laut und deutlich.

Probiere das mit dem Gedicht
auf der nächsten Seite aus.

▶ eine Methode kennenlernen ▶ In der Natur S. 30, 31
▶ Märchen S. 153
▶ Im Jahreskreis S. 172, 178

Mit Gedichten umgehen

Ohne dich

Mathias Jeschke

Ohne dich wär's eimerdunkel.
Mit dir ist es schmusemunkel.

Ohne dich wär's Lebertran.
Mit dir ist es Achterbahn.

Ohne dich wär's pfützetrüb.
Mit dir ist es schnabellieb.

Ohne dich wär's Katzengrütze.
Mit dir ist es warme Mütze.

Ohne dich wär's primelfad.
Mit dir ist es Sonnenbad.

Ohne dich wär's Klötergeld.
Mit dir ist es Tor zur Welt.

Ohne dich wär's grausegrau.
Mit dir ist es blitzeblau.

Jau!

▶ auswendig lernen
▶ sinngestaltend vortragen
▶ Mit Gedichten umgehen S. 40
58, 74

Mit Gedichten umgehen

Gedichte und Lieder darstellen

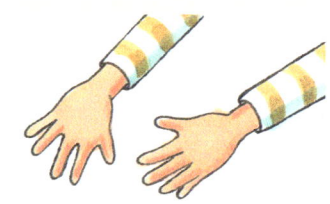

Mit Gedichten umgehen

Fingerlied

Fredrik Vahle

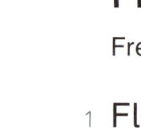

1 Flinke Finger, flinke Finger,
jede Hand hat fünf so Dinger.

Können kitzeln, können bohren
in der Nase, in den Ohren.

5 Können drücken, können tupfen,
können dich ganz sachte zupfen.

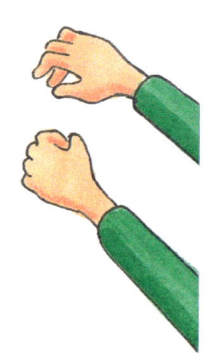

Können zeigen, können tippen,
können kratzen, können schnippen.

Können klopfen, können kneifen
10 und man braucht sie immerzu,
um das Leben zu begreifen.

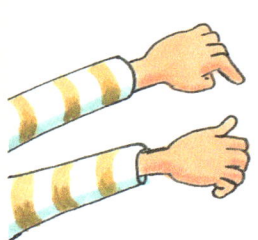

○ **1** Arbeitet zu zweit.
Lest abwechselnd Strophe für Strophe.
Welche Bewegungen kommen vor? Probiert sie aus.

○ **2** Ein Kind liest die Strophe.
Das andere macht die passenden Bewegungen dazu.

106 ▸ sinngestaltend vorlesen ▸ Theater spielen S. 24, 25
▸ handelnd mit einem Gedicht ▸ Fantasie und Abenteuer
umgehen S. 131

Mit den Fingern

Text: Jörn Brumme, Melodie: Peter Schenderlein

Mit den Fingern tasten wir, das mach ich ziemlich gerne.

Mit den Augen sehen wir, wir sehen sogar Sterne.

Mit der Zunge schmecken wir, wer will einen Lutscher?

Max kann pfeifen mit der Zunge wie ein alter Kutscher.

Mit den Ohren hören wir, wie die Leute sich begrüßen.

Mit der Nase riechen wir, aber nicht an uns'ren Füßen.

Mit Gedichten umgehen

Mit den Fingern tasten wir,
das mach ich ziemlich gerne.
Mit den Augen sehen wir,
wir sehen sogar Sterne.

Mit der Zunge schmecken wir,
wer will einen Lutscher?
Max kann pfeifen mit der Zunge
wie ein alter Kutscher.

Mit den Ohren hören wir,
wie die Leute sich begrüßen.
Mit der Nase riechen wir,
aber nicht mit uns'ren Füßen.

▸ ein Lied kennenlernen   ▸ In der Natur S. 29   ▸ Hör-CD: Nr. 20
▸ Im Jahreskreis S. 182

Spielen und Hören

Allein-Lied
Christa Zeuch

In der Küche tickt die Uhr,
Schritte gehn im Treppenflur.
Schleicht da wer ins Haus herein?
Dunkel ist's, ich bin allein.

An der Wand, ganz nah bei mir,
schnauft ein schwarzes Schattentier.
Schnell die Leselampe an,
dass es mich nicht fressen kann.

Ob mein Wecker richtig geht?
Ist es wirklich schon so spät?
Hunger hab ich und auch Durst,
mag ein Brot mit Leberwurst.

Doch ich trau mich nicht hinaus,
denn jetzt knackt was durch das Haus!
Schlüssel klappern hell und blank –
Mama, Papa, Gott sei Dank!

○ **1** Macht zu jeder Strophe die Geräusche
mit Gegenständen, Instrumenten, Händen,
Füßen oder dem Mund.
Die tickende Uhr begleitet das Lied die ganze Zeit.
Zwischen den Strophen tickt sie achtmal.

▸ handelnd mit Texten
  umgehen

▸ Lernen lernen S. 122
▸ Theater spielen S. 160
▸ Im Jahreskreis S. 177
▸ Hör-CD: Nr. 21

Theater spielen

Ein Hörspiel

Bennis Morgen

1

Benni wacht auf.

2

Benni frühstückt.

3

Benni ist im Bad.

4

Benni geht zur Schule.

5

Benni lernt.

6

Benni hat Pause.

7

Benni ist in der Turnhalle.

8

Die Schule ist aus.

1 Was gibt es zu den Bildern zu hören?
- Welche Geräusche könnt ihr selbst machen?
- Was sollen die Personen reden, rufen, flüstern …?

Achtung, Aufnahme!

2 Denkt euch Situationen aus und macht sie hörbar. Lasst dann andere Kinder raten, was da wohl los ist.

◗ Texte inszenieren
◗ ein Hörspiel gestalten

▶ Lernen lernen S. 122
▶ Theater spielen S. 187

Treppensätze lesen

Ich
Ich bin
Ich bin ein
Ich bin ein Kind
Ich bin ein Kind und
Ich bin ein Kind und fahre
Ich bin ein Kind und fahre gern
Ich bin ein Kind und fahre gern Fahrrad.

Ich
Ich spiele
Ich spiele gern
Ich spiele gern Klavier
Ich spiele gern Klavier und
Ich spiele gern Klavier und tanze
Ich spiele gern Klavier und tanze Ballett.

Wir
Wir sind
Wir sind eine
Wir sind eine tolle
Wir sind eine tolle Klasse
Wir sind eine tolle Klasse und
Wir sind eine tolle Klasse und spielen
Wir sind eine tolle Klasse und spielen gern
Wir sind eine tolle Klasse und spielen gern miteinander.

○ **1** Schreibe eigene Treppensätze über dich.
Trage sie vor.

▶ Treppensätze strukturieren   ▶ Lernen lernen S. 37
und lesen   ▶ In der Schule S. 17
▶ Schreibmuster nutzen

Ideenkiste

Irgendwie Anders basteln

Du benötigst:

- Karton,
- Stoff oder Filz,
- Musterklammern,
- Wolle,
- Schere,
- Filzstifte,
- Klebstoff.

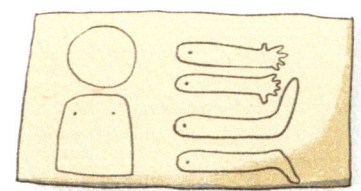

1. Zeichne einen Kopf,
   einen Körper, zwei Arme
   und zwei Beine auf Karton.

2. Schneide die Körperteile aus.

3. Klebe Wollfäden als Haare
   oben an den Kopf.

4. Zeichne Augen und Nase auf.

5. Schneide zwei Ohren aus dem Stoff
   oder Filz und klebe sie an den Kopf.

6. Klebe Wollfäden als Fell
   auf den Körper.

7. Verbinde den Kopf und den Körper
   sowie Arme und Beine durch
   eine Musterklammer mit dem Körper.

▸ einen Text lesen und danach handeln

Wolken, Wind und Wetter

Sonne und Meer

⬦ **1** Suche auf dem Bild, was nicht passt. Begründe.

▶ ein Bild genau betrachten
▶ Vorwissen aktivieren

1 Lies das Gedicht.
Von welchem Wetter wird erzählt?

Regen und Sonne

Lizzy Gerger

Sonne, bist du denn verbannt
hinter grauer Wolkenwand?

Feld und Acker überschwemmt,
Baum und Strauch im Nebelhemd.

Wolken, öffnet Tür und Tor,
liebe Sonne komm hervor,

mach den Himmel wieder blau,
trockne Blumen, Blatt und Tau.

Lach mit deinem goldnen Schein
wieder uns ins Herz hinein!

2 Lies den Wetterbericht. Von welchem Wetter wird berichtet?

Am Dienstag zeigt sich das Wetter noch vielfach heiter.  15/18 °C

Ab Mittwoch lässt eine geschlossene Wolkendecke in der Region Dresden kaum einen Sonnenstrahl hindurch. Dabei fällt verstärkt Regen. Am Mittwoch weht ein teilweise böig auffrischender Wind aus westlicher Richtung.  11/15 °C

3 Zu welchem Tag aus dem Wetterbericht passt das Gedicht?

▸ Textarten vergleichen
▸ Informationen entnehmen
▸ Texte verstehen S. 38, 39, 124, 126
▸ Im Jahreskreis S. 173, 179
▸ Hör-CD: Nr. 22

Die Sonne und der Wind

Nach Äsop

1 Die Sonne und der Wind stritten eines Tages darüber,
   wer von beiden wohl der Stärkere sei.
   Sie beschlossen, ihre Kräfte zu messen.
   „Wer von uns beiden dem Wanderer dort
5 auf dem Weg als erster die Jacke auszieht,
   hat gewonnen", schlug der Wind vor.
   Gesagt, getan. Sofort verwandelte er sich
   in einen heftigen Sturm und
   blies mit voller Kraft dem Wanderer ins Gesicht.
10 Dieser konnte kaum noch aufrecht gehen.
   Er setzte seine Kapuze auf und
   zog seine Jacke immer fester zu.
   Mit großer Mühe lief er weiter.
   Der Wind rief Regen und Hagelschauer herbei,
15 damit sie ihm halfen. Aber der Wanderer rettete sich
   in eine Hütte und wartete, bis das Unwetter vorüber war.
   Nun war die Sonne an der Reihe.
   Sie ließ ihre sanften Strahlen auf die Erde herabfallen.
   Der Himmel wurde wieder heiter und
20 die Luft erwärmte sich.
   Der Wanderer konnte seinen Weg fortsetzen.
   Es dauerte nicht lange und er schwitzte.
   Da zog er seine Jacke aus.
   „Du hast gewonnen", sagte der Wind zur Sonne.
25 „Du bist die Stärkere."

1 Wie gelang es der Sonne, den Wind zu besiegen?

2 Erzähle die Geschichte nach.

3 Vergleiche den Plan des Windes mit dem Plan der Sonne.

▶ eine Fabel lesen   ▶ Texte verstehen S. 38, 39
▶ Informationen entnehmen
▶ nacherzählen

Wettersprüche

Ostwind bringt Heuwetter,
Westwind Krautwetter,
Südwind Hagelwetter und
Nordwind Hundewetter.

Wie sich das Wetter an
Siebenschläfer verhält,
ist es noch sieben Wochen
bestellt.

Ist der Mai kühl und nass,
füllt's dem Bauern Scheun' und Fass.

Kräht der Hahn auf dem Mist,
ändert sich das Wetter
oder es bleibt, wie es ist.

Auf Regen folgt Sonne.

Bleiben die Schwalben lange,
sei vor dem Winter nicht bange.

1 Lies die Sprüche und frage nach, was du nicht verstehst.

2 Suche einen Spruch aus und erkläre, was er bedeutet.

3 Suche selbst Sprichwörter oder Wetterregeln in Büchern
oder im Internet.

4 Für wen waren die Wetterregeln früher wichtig? Begründe.

▶ Informationen entnehmen   ▶ Texte verstehen S. 38, 57
▶ recherchieren   ▶ Fantasie und Abenteuer
                               S. 146

Extreme Temperaturen

Martina Gorgas

1 In Deutschland freuen wir uns meist über
Sonnenschein und warmes Sommerwetter.
Doch in anderen Regionen der Erde
hat zu große Hitze katastrophale Folgen.
5 Wenn es über einen längeren Zeitraum zu heiß ist
und nicht regnet, sterben die Pflanzen ab.
Oft werden so ganze Ernten zerstört.
Manchmal trocknet der Boden so stark aus,
dass nichts mehr wächst.

10 In einigen Regionen der Erde kommt es jedes Jahr
durch extreme Hitze und Trockenheit zu gefährlichen
Waldbränden. Sie zerstören nicht nur den Wald,
sondern auch die Ernten und bedrohen
Häuser und Menschen.

15 Bei anhaltender Dürre wird oft das Trinkwasser knapp.
In den Trockenwüsten der Erde ist wenig Regen normal.
Oft regnet es dort im Jahr weniger als 200 Milliliter –
das entspricht gerade mal einer Tasse Wasser!
In manchen Wüsten fällt jahrelang kein Regen.

20 Im Winter sind in vielen Regionen der Erde Temperaturen
unter dem Gefrierpunkt, also unter 0 Grad Celsius, normal.
Die Natur hält in dieser Zeit Winterschlaf und ruht sich aus.
In Deutschland ist meist der Januar der kälteste Monat
des Jahres.
25 In der Antarktis ist es dagegen das ganze Jahr sehr kalt.
Die Temperaturen liegen dort im Durchschnitt bei
-55 Grad Celsius.

Der kälteste Ort der Welt liegt ebenfalls
in der Antarktis: Wostok. Dort wurden am 21. Juli 1983
30 -89,2 Grad Celsius gemessen. Die niedrigste Temperatur,
die je in Deutschland offiziell gemessen wurde,
waren -37,8 Grad Celsius.

1 Was geschieht, wenn es über längere Zeit
zu heiß ist und nicht regnet?

2 In welchem Monat ist es bei uns meist am kältesten?

3 Suche für jedes Bild eine passende Textstelle.

▶ einen Sachtext lesen ▶ Texte verstehen S. 38, 57, ▶ Hör-CD: Nr. 23
▶ passende Textstellen zu 70
Bildern finden

Braucht ihr keinen Regenschirm?

Zdenêk Slabý, Dagmar Lhotavá

1 Alfons hieß ein Regenschirm, den sein Herr
im Wald vergessen hatte, als es nicht mehr regnete.
Als ein Reh und sein Kitz vorbeikamen,
fragte Alfons: „Braucht ihr keinen Regenschirm?"
5 Das Reh blickte zum wolkenlosen Himmel
empor und sagte: „Wozu denn?"

Da fragte Alfons die Eichhörnchen:
„Braucht ihr keinen Regenschirm?"
„Ja, wenn man aus dir zehn kleine Schirmchen
10 machen könnte, würden wir sie an unsere Verwandten
verteilen und könnten sie bei unseren Sprüngen
von Baum zu Baum als Fallschirm benutzen. Aber so?"

„Brauchst du keinen Regenschirm?",
fragte Alfons auch den Specht.
15 Aber der morste in die Fichtenrinde:
„Wozu wärst du mir nütze?"
Und Alfons konnte seine Antwort nur erraten.
„Niemand will mich haben", seufzte Alfons betrübt,
„wozu bin ich eigentlich nütze?"

20 Da meldete sich die kleine Erdbeerpflanze,
die genau unter ihm blühte:
„Möchtest du nicht bleiben, wo du bist?
Ich fürchte mich nämlich sehr vor dem Regen,
denn wenn ein richtiger Wolkenbruch kommt,
25 werde ich pitschnass."

Da freute sich Alfons und blieb, wo er war.
Solange die Sonne schien, neigte er sich zur Seite,
damit ihre warmen Strahlen die Erdbeere
bescheinen konnten.

30 Doch als sich schwarze Wolken zusammenballten
und es zu regnen begann,
nahm er seine kleine Freundin rasch in seinen Schutz.

Da trippelten das Reh und das Kitz herbei,
die Eichhörnchen kamen gesprungen und
35 der Specht flog von der Fichte herunter.
Und alle riefen aufgeregt:
„Wir kommen dich holen, es gießt ja wie aus Kannen!"
„Ihr kommt zu spät", sagte Alfons.
„Ich gehöre schon der Erdbeere."

○ **1** Welche Tiere fragte Alfons?

○ **2** Wie fühlt sich Alfons, nachdem kein Tier ihn braucht?
Suche die Textstelle und lies sie mit guter Betonung vor.

○ **3** Was werden die Tiere gedacht haben,
als sie Alfons Antwort hörten?

○ **4** Lest den Text mit verteilten Rollen.

▸ mit verteilten Rollen vorlesen ▸ Theater spielen S. 92, 145
▸ mit Textstellen belegen

Die Bitte

Ingrid Heller

Liebe Wolke,

lass es regnen, was du kannst.
Nicht nieseln und rieseln, sondern richtig pladdern,
dass kein Storch sich aus dem Neste wagt.
Am liebsten ist mir ein prächtiges Gewitter
mit Donner und Blitz.
Lass es heute regnen und morgen.
Und pass auf, dass die Sonne nicht hervorkommt
und schlechtes Wetter wird mit blauem Himmel
und Sonnenschein.
Die Bäche und Teiche sollen voller Wasser sein,
dass wir uns tummeln können zu jeder Zeit.
Das werden dir aus tiefstem Herzen danken alle,
die quaken und schwimmen.

○ **1** Was ist für den Schreiber des Briefes schlechtes Wetter?

⚬ **2** Wer könnte den Brief geschrieben haben? Begründe.

⚬ **3** Schreibe auch einen Brief an die Wolke
mit deinen Wetterwünschen.

▶ Informationen entnehmen
▶ Schreibmuster nutzen
▶ Perspektiven einnehmen

▶ Hör-CD: Nr. 24

Der Wetterfrosch

Anita Hübner

1 Früher glaubten die Menschen,
dass Laubfrösche das Wetter
vorhersagen können.
An warmen Sommertagen klettern sie
5 nämlich an Pflanzen hoch. Wenn es regnet,
halten sie sich dagegen eher am Boden auf.

Damit sie ihn besser beobachten konnten,
sperrten die Menschen den Laubfrosch
in Einmachgläsern ein.
10 Darin befand sich ein Ast oder eine kleine Leiter.
Wenn der Frosch auf der Leiter nach oben stieg,
bedeutete das, es gibt schönes Wetter.
Wenn er unten blieb, war mit schlechtem Wetter
zu rechnen.

15 Doch der Laubfrosch ist keine Wetterstation.
Er kann mit seinem Verhalten das Wetter
zwar anzeigen, aber nicht vorhersagen.
Der Grund für sein Verhalten
liegt an seiner Nahrung.
20 Laubfrösche fressen Insekten.
Diese fliegen bei schönem Wetter höher
als bei schlechtem Wetter. Deshalb muss
der Laubfrosch klettern, um sie zu erreichen.

○ **1** Warum klettert der Laubfrosch
bei schönem Wetter nach oben?

○○ **2** Warum werden heute keine Laubfrösche
mehr in Gläser gesperrt?

○○○ **3** Wer wird heute scherzhaft als Wetterfrosch bezeichnet?

▸ Informationen entnehmen ▸ Texte verstehen S. 38, 57, 70

Zuhören

In der Schule muss ich oft zuhören.

Manchmal kann ich mich
beim Zuhören entspannen,
zum Beispiel wenn ich
eine Lesebuchgeschichte
von der CD anhöre.

Oft muss ich aber
konzentriert hinhören,
um alles zu verstehen.

Lernen lernen

1. Schritt: Vor dem Zuhören
Ich überlege:

Was weiß ich schon
über das Thema?

2. Schritt: Zuhören
- Ich setze mich bequem hin.
- Ich bin leise und aufmerksam.
- Ich störe den Vortrag nicht.
- Wenn ich Fragen habe
  oder etwas nicht verstehe, warte ich.

3. Schritt: Nach dem Zuhören
Ich kann Fragen stellen.
Ich kann mit anderen über das Gehörte sprechen.

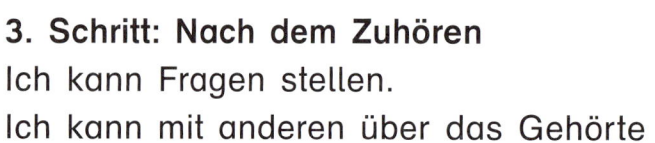

A

ie
Riese
Wiese

B

C

D

E

F

KANINCHEN

○ **1** Schau dir die Bilder an.
Welche der abgebildeten Situationen kennst du?

○ **2** Wann fällt es dir leicht zuzuhören? Wann schwer?

○ **3** Welche Bilder gehören zu welchem Zuhören?

Zuhören und genießen

Zuhören und Informationen entnehmen

▶ über Bilder nachdenken
▶ über Erfahrungen sprechen

Lernen lernen

Fachwörter für Geschichten und Sachtexte kennen

Ein Text, in dem erzählt wird, ist eine **Geschichte**.
Ein Text, in dem sachlich über ein Thema
informiert wird, ist ein **Sachtext**.

Jede Geschichte und jeder Sachtext hat eine **Überschrift**,
die sagt, worum es im Text geht.
Überschriften sollen zum Lesen anregen.
Nach der Überschrift oder am Textende steht
der Name des **Autors** oder der **Autorin**.

Die meisten Geschichten und Sachtexte
haben mehrere **Absätze**.
Man kann sie auch Textabschnitte nennen.
In jedem Absatz wird etwas Neues erzählt oder
über etwas Neues zum Thema informiert.
Ein Absatz besteht aus mehreren **Sätzen**.
Ein **Satz** kann kürzer, aber auch länger sein
als eine **Zeile**.

Übe die Fachwörter mit dem Text auf der nächsten Seite.

1 Ist dieser Text eine Geschichte oder ein Sachtext? Begründe.

2 Wie viele Absätze hat der Text?

4 In welcher Zeile steht der Satz:
Es schimmelt und verdirbt?

5 Finde eine andere Überschrift,
die auch zu dem Text passen würde.

124
▸ Fachwörter kennenlernen
und verwenden
▸ Fragen formulieren

▸ Texte verstehen S. 126
▸ Wolken, Wind und Wetter
S. 113

Texte verstehen

Wie wird morgen das Wetter? ← Überschrift

Anita Hübner ← Autorin/Autor

1 Wenn du wissen willst, ← Zeile
  wie morgen oder in den nächsten Tagen
  das Wetter wird, informierst du dich im Radio, ← 1. Absatz
  im Fernsehen oder im Internet.
5 Auch in der Zeitung steht täglich
  der Wetterbericht.

  Seit langer Zeit versuchen die Menschen,
  das Wetter vorherzusagen.
  Vor allem für die Bauern war es schon immer
10 sehr wichtig zu wissen, wie das Wetter wird.
  Damit sie Getreide ohne Verluste ernten können,
  muss es trocken sein. Wenn das Korn feucht ist,
  kann es nicht gelagert werden.
  Es schimmelt und verdirbt.

15 Heute gibt es tausende Wetterstationen
  und unzählige Messgeräte, die an vielen Stellen
  der Erde die Temperatur, die Windstärke,
  die Luftfeuchtigkeit und den Luftdruck messen.
  Diese Angaben werden von Wissenschaftlern
20 ausgewertet. So kann das Wetter
  für die nächsten Tage vorausgesagt werden.

▶ die Struktur eines Sachtextes untersuchen   ▶ Texte verstehen S. 126

Fachwörter für Gedichte kennen

Ein Text, der sich reimt, ist ein **Gedicht.**
Ein Gedicht hat eine **Überschrift.**
Unter der Überschrift oder am Ende des Gedichts
steht der Name des **Autors** oder der **Autorin.**
Die meisten Gedichte haben mehrere **Strophen.**
Eine Strophe besteht immer aus mehreren **Versen.**
Ein Vers ist immer eine **Zeile** lang.
Deshalb kann man auch Verszeile sagen.
In vielen Gedichten stehen **Reimwörter**
am Ende der Verse.

Reimwörter sind Wörter,
die ähnlich klingen.
Luft – Duft
Hase – Nase
singen – springen
klecksen – hexen
Fleck – weg

Übe die Fachwörter mit dem Gedicht
auf der nächsten Seite.

◇ **1** Wie viele Strophen hat das Gedicht?

◇ **2** Wie viele Verse (Verszeilen) hat jede Strophe?

◇ **3** Welche Wörter reimen sich in der zweiten
und dritten Strophe?

◇ **4** Welche Wörter reimen sich,
werden aber nicht gleich geschrieben?

▶ Fachwörter kennenlernen   ▶ Texte verstehen S. 124, 125
und verwenden   ▶ Wolken, Wind und Wetter
▶ Fragen formulieren   S. 113

Der Wetterhahn

Überschrift

Wilhelm Busch

Autorin/Autor

Vers/ Verszeile

Strophe

Wie hat sich so schön der Hahn
auf unserm Turm gedreht
und damit jedem kundgetan,
woher der Wind geweht.

Reim

Reim

Doch seit dem letzten Sturme hat
er keinen rechten Lauf;
er hängt so schief, er ist so matt,
und keiner schaut mehr drauf.

Jetzt leckt man an den Finger halt
und hält ihn hoch geschwind.
Die Seite, wo der Finger kalt,
von daher weht der Wind.

Ich zähle die Verse.

Wie heißt der Autor?

Was reimt sich eigentlich noch auf **Wind**?

Ich probiere das mit dem Finger aus.

Texte verstehen

▸ die Struktur eines Gedichtes untersuchen

Regenwörter kennenlernen und erklären

Es kann stark oder schwach,

laut oder leise regnen.

Es gießt.
Es schüttet.
Es regnet Blasen.
Es nieselt.
Es schüttet wie aus Eimern.
Es pladdert.
Es regnet Schusterjungen.
Es tröpfelt.
Es fließt.
Es regnet Strippen.
Es rieselt.
Es rinnt.
Es regnet Bindfäden.
Es gießt wie aus Kannen.
Es regnet in Strömen.
It is raining cats and dogs.

1 Wann regnet es wenig, wann regnet es viel?

2 Wann regnet es leise, wann regnet es laut?

3 Sammle Windwörter.

Ideenkiste

Ein Regentropfenbild malen

Du benötigst:

- Zeichenpapier,
- Tonpapier,
- Wassermalfarben,
- einen Pinsel,
- Regenkleidung.

1. Male mit Wasserfarben
   bunte Striche und Kleckse
   auf dein Zeichenpapier.

2. Lass die Farben trocknen.

3. Ziehe deine Regenkleidung an
   und gehe hinaus ins Regenwetter.

4. Halte dein Bild in den Regen.
   Der Regen malt dein Bild weiter.
   Die Farben lösen sich wieder auf
   und es entstehen neue Farbspuren.

5. Wenn du mit deinem Regentropfenbild
   zufrieden bist, gehe zurück
   ins Klassenzimmer und
   lass die Farben wieder trocknen.

6. Zum Schluss kannst du das Bild
   auf farbiges Tonpapier kleben
   und das Zimmer damit schmücken.

▷ Texte lesen und danach   ▷ In der Natur S. 43
  handeln

Fantasie und Abenteuer

Langweilige Gegend?

1 Stell dir vor, du gehst durch diese Gegend.
Was siehst du? Was hörst du? Was könntest du erleben?

2 Welches der Kinder hat recht? Begründe.

▸ ein Bild genau betrachten ▸ Mit Geschichten umgehen
▸ Assoziationen entwickeln S. 141

Nachttischlampe

Georg Bydlinski

1 Manchmal brauch ich
  beim Einschlafen Licht.
  Manchmal mag ich
  die Dunkelheit nicht.
5 Ich stell mir dann manchmal
  so mancherlei vor,
  so monstrige Monster
  mit Ratten im Ohr.

  So drachige Drachen
10 mit Feuerspeimaul,
  so Klapperskelette
  auf einem Knochengaul,
  so Spinnwebgehirne
  im Abendwind,
15 so farblose Geister,
  die unsichtbar sind ...

  Doch weil man Unsichtbares
  nicht so gut sehen kann –
  schalt ich gleich schnell noch
20 das Deckenlicht an!

○ **1** Was stellt sich das Kind beim Einschlafen vor?

○ **2** Hast du beim Einschlafen Angst? Erzähle.

○ **3** Wie schläfst du am liebsten ein?

○ **4** Warum hat das Gedicht die Überschrift **Nachttischlampe**?

▶ Informationen entnehmen
▶ über eigene Erfahrungen
  sprechen
▶ Mit Gedichten umgehen
  S. 106
▶ Hör-CD: Nr. 25

Der Mondscheindrache

Cornelia Funke

1 Philipp lag im Bett, starrte zum Fenster hinaus und zählte die
Sterne. Da hörte er plötzlich ein leises Rascheln
neben seinem Bett. Erschrocken lugte er über den Bettrand.
Auf dem Teppich lag das Buch, in dem er vorhin
5 gelesen hatte. Ein Buch über Drachen und Ritter.
Es war aufgeschlagen, obwohl Philipp ganz sicher war,
dass er es zugeklappt hatte. Seltsam.

Philipp streckte die Hand aus, um es zuzumachen.
Da raschelte es wieder. Die weißen Seiten bewegten sich
10 wie von einer unsichtbaren Hand umgeblättert.
Philipp hörte ein leises Schnaufen.
Erschrocken versteckte er sich unter der Bettdecke.
Nur durch einen Spalt lugte er auf das Buch herunter.
Das Schnaufen wurde lauter und ein schuppiger Schwanz
15 kam zwischen den Seiten hervor.

Dann folgten zwei Pranken,
ein silbriger Leib mit Flügeln
und Zacken auf dem Rücken – und plumps!,
rutschte ein Drache aus dem Buch auf Philipps Teppich.

20 „Oje, oje, oje!", hörte Philipp ihn jammern.
„Bei meinen Schuppen, wo bin ich denn hier nur gelandet?"
Mit gespitzten Ohren stand er da und lauschte.
Wunderschön sah er aus. Genau so, wie Philipp
sich immer einen Drachen vorgestellt hatte.
25 Nur dass der hier kaum größer war
als ein Marmeladenglas.

Die Seiten des Buches
bewegten sich wieder.

Und jetzt hörte man
30 plötzlich das Klappern
von Hufen und
das Klirren von Eisen.
Der Drache zuckte
zusammen.
35 „Er kommt!",
flüsterte er entsetzt.

○ **1** Wie groß ist der Drache?
Suche die zwei passenden Zeilen
im Text.

◇ **2** Was hört der Drache?
Wer könnte da kommen?

◇ **3** Wie könnte die Geschichte weitergehen?

▶ Informationen entnehmen   ▶ Lernen lernen S. 54
▶ Zeilenangaben machen
▶ weitererzählen

Ach du Schreck

Julia Boehme

1 Plötzlich wacht Kati auf. War da was? Und ob!
Da schwebt ja ein Gespenst!
Kati zieht vor Schreck ihre Bettdecke bis ans Kinn.
Grinsend breitet das Gespenst seine grässlichen Arme aus!
5 „Buuuuuuaaaah!", schreit es.

Doch mitten im gruseligen Gespenstergeschrei macht es:
„Hicks!" Und wieder: „Hicks, hi-hi-hicks!"
Das Gespenst hat einen Schluckauf bekommen.
Kati prustet los.
10 Sie lacht so sehr, dass das ganze Bett wackelt.
„Hicks!", macht das Gespenst. Es klingt ganz unglücklich.
Es gibt nämlich nichts Schlimmeres für Gespenster,
als ausgelacht zu werden!
Kati bekommt Mitleid. „Ich kenne ein prima Mittel gegen
15 Schluckauf", sagt sie freundlich. „Mach mal die Augen zu!"
Das Gespenst kneift seine Augen fest zusammen.

In Katis Bett raschelt es.

„Buuuuhhhaaaa!", grölt eine grausige Stimme.

Erschrocken reißt das Gespenst seine Augen auf.

20 Da spukt ja ein fremder Geist, schneeweiß und schrecklich!

Blitzschnell ist das Gespenst unter dem Bett verschwunden.

„Hast du noch Schluckauf?", fragt Kati und guckt lachend

unter ihrem Laken hervor.

Das Gespenst strahlt und schüttelt seinen Kopf.

25 Der Hicks ist ratzekahl weg!

„Erschrecken", sagt Kati und schmunzelt,

„hilft bei Schluckauf eben am allerbesten!"

1 Warum versteckt sich das Gespenst unter dem Bett?

2 Lies die Sätze. Sage, ob sie wahr oder falsch sind.
Kati wacht in der Nacht auf und hat Schluckauf.
Das Gespenst erschreckt Kati.
Das Gespenst ist unglücklich, weil Kati es auslacht.
Das Gespenst kennt ein Mittel gegen Schluckauf.
Das Gespenst versteckt sich in Katis Bett.
Am Ende hat das Gespenst keinen Schluckauf mehr.

3 Was machst du, wenn du Schluckauf hast?

▸ gezielt Informationen suchen
▸ richtige Informationen
auswählen

Im Dunkeln

Eva Muszynski, Karsten Teich

1 Der Kaktuswald raschelt
und knistert.
Es wird immer dunkler.
Jeder Kaktus sieht jetzt aus
5 wie ein Bandit.

Cowboy Klaus muss Pipi.
Aber das ist viel zu gefährlich.
Er könnte ja aus Versehen
einem Banditen ans Hosenbein
10 pinkeln.
Er geht lieber schnell weiter.

Hinter dem Kaktuswald ist es noch dunkler.
Cowboy Klaus geht langsam weiter.
„Wenn jetzt jemand kommt,
15 kann der gar nicht sehen,
wie gefährlich ich aussehe", überlegt er.

„Im Dunkeln kann man leicht
mit einem Angsthasen
verwechselt werden.
20 Aber hier ist ja niemand!
Das ist ein guter Platz für
eine Rast", findet Cowboy Klaus
und macht ein Feuer.
Er packt seine Brote aus.
25 Das Lagerfeuer flackert.
Die Flammen knistern,
und kleine Funken
verglühen in der Nacht.

Cowboy Klaus schaut sich um.
30 „Endlich ein Kaktus,
der nicht aussieht wie ein Bandit",
sagt er zu sich und will schnell pinkeln gehen.

Da entdeckt er den Steckbrief.
„Gesucht:
35 Der fiese Fränk.
Beruf: Bandit.
Achtung, gefährlich!
Hinweise nimmt jeder Sheriff
entgegen. Hohe Belohnung!"

40 „Ach du Schreck!",
denkt Cowboy Klaus.
Er löscht das Feuer
und geht schnell weiter.

◇ **1** Wovor hat Cowboy Klaus Angst?

◇ **2** Wo macht Cowboy Klaus eine Pause?
Warum hat er sich genau diesen Ort
ausgesucht?

◇ **3** Warum löscht Cowboy Klaus das Feuer
und zieht weiter?

◇ **4** Wie die Geschichte weitergeht,
erfährst du in dem Buch
Cowboy Klaus und der fiese Fränk
von Eva Muszynski und Karsten Teich.

▶ ein Kinderbuch kennenlernen ▶ Lernen lernen S. 54 ▶ Hör-CD: Nr. 26
▶ Informationen entnehmen

So was Verhextes

Charlotte Panowsky, Friederun Reichenstetter

1 Können kleine Hexen hexen?
Ausprobieren! sagt die kleine Hexe.
Aus dem glotzäugigen Frosch
soll ein Prinz werden!

5 Quatsche, matsche, Schneckenschleim,
hässlich darfst du gar nicht sein!
Haule, maule, schwarze Mucke,
ach, o wie, bei meiner Spucke!

Das ist kein Prinz!
10 Iiiigitt!
Der Zauberspruch war falsch!
Macht nichts!

Kleine Hexen können hexen!
Aus dem langweiligen Kater
15 soll ein Kuscheltier werden!

Maunze, graunze, Schnurrbarthaar,
werde nicht zum Jaguar,
ratze, schmatze, steiler Zahn!
Was hab ich ihm nur angetan?

20 Kein gestiefeltes Kuscheltier!
Iiigitt!
Der Zauberspruch war falsch!
Macht fast nichts!

Kleine Hexen können hexen!

25 Aus dem hässlichen Raben
soll ein Zaubervogel werden!

Kraxe, maxe, Schoko-Eier.
Werd mir nicht zum nackten Geier!
Weiße Feder, Adlerschrei.
30 Nein, jetzt wird's mir zweierlei!

Kein Zaubervogel!
Iiiigitt!
Den will ich nicht!
Mir wird es unheimlich!

35 Können kleine Hexen hexen?
Angster, bangster, Schlotterknie,
zittern tu ich wie noch nie,
Hexenspucke, Drachenbart,
werdet wieder, wie ihr wart!

40 Oooooooh!
Mein grüner Frosch,
mein dicker Kater,
mein schwarzer Rabe!
Ihr seid soooo schön!

45 Können kleine Hexen hexen?
Klar – und wie!

1 Welche Tiere sollen verhext werden?
In was sollen sie verhext werden?

2 Kann die kleine Hexe hexen? Begründe.

▶ Informationen entnehmen
▶ Hauptgedanken eines
   Textes erfassen

Zu einem Bild erzählen

◦ **1** Welches Foto gefällt dir besonders gut?
Begründe.

▸ Fotos betrachten   ▸ Miteinander leben S. 78
▸ sich eine Meinung bilden   ▸ Märchen S. 148
   und begründen   ▸ Im Jahreskreis S. 164, 184

Einmal saß ein kleiner Teddy ganz allein auf dem Bürgersteig. Er dachte: „Wo bin ich hier? Warum …

○ **1** Lies den Geschichtenanfang in der Sprechblase.
Zu welchem Foto auf der linken Seite passt er?

○ **2** Wähle ein Foto aus.
Denke dir dazu eine Geschichte aus.

○ **3** Erzähle den anderen Kindern deine Geschichte.
Lasse sie raten, zu welchem Foto deine Geschichte gehört.

Tipp

Das kannst du in deiner Geschichte erzählen:
- Wer erlebt etwas?
- Wo spielt die Geschichte?
- Was ist passiert?
- Wie geht es weiter?

▸ Text und Bild zuordnen ▸ Fantasie und Abenteuer
▸ Erzählideen entwickeln   S. 130
▸ zu einem Bild erzählen   ▸ Märchen S. 148

Szenisch spielen

Manche Texte kann man nicht nur lesen,
sondern auch spielen. So können wir Texte spielen:

1. Schritt: Text lesen
Wir lesen den Text leise.

2. Schritt: Rollen verteilen
Wir klären, wie viele Rollen es gibt und verteilen sie.

3. Schritt: Gemeinsam lesen
• Wir lesen den Text gemeinsam.
• Jeder liest seine Rolle laut vor.
• Wir überlegen und probieren aus,
  wann welche Betonung am besten passt.
• Wir üben mehrmals, den Text gemeinsam zu lesen.

4. Schritt: Bewegungen und Ausdruck finden
Wir überlegen uns, wann welche Bewegungen
und Gesichtsausdrücke zu den Textabschnitten passen.

5. Schritt: Gemeinsam spielen
Wir sprechen den Text und spielen dazu.

Die anderen Kinder der Klasse sind Zuschauer.
Sie sagen, was gut war und geben Tipps.

Probiert das mit dem Text auf der nächsten Seite aus.

Welche Geräusche
können wir machen?

Welche Kostüme
brauchen wir?

Was brauchen
wir für die Bühne?

Theater spielen

Der Grüffelo

Julia Donaldson, Axel Scheffler

1 Die Maus spazierte im Wald umher.
Der Fuchs sah sie kommen und freute sich sehr.
„Hallo, kleine Maus, wohin geht die Reise?
Bei mir im Bau gibt's Götterspeise."
5 „Schrecklich nett von dir, Fuchs, doch ich sag leider nein,
ich muss schon zu Mittag beim Grüffelo sein."
„Beim Grüffelo? Sag, was ist das für ein Tier?"
„Den kennst du nicht? Dann beschreib ich ihn dir:
Er hat schreckliche Hauer und schreckliche Klauen
10 und schreckliche Zähne, um Tiere zu hauen."
„Wo triffst du ihn?"
„Gleich hier, beim Stein.
Und Fuchsspieß zu Mittag,
das fände er fein."
15 „Fuchsspieß? Nein, danke!",
rief darauf der Fuchs.
Er grüßte zum Abschied
und flüchtete flugs.
„Wie dumm von dem Fuchs!
20 Er fürchtet sich so.
Dabei gibt's ihn doch
gar nicht, den Grüffelo!"

Wie begegnen sich
Maus und Fuchs?

Wie müssen die
Stimmen von Maus
und Fuchs klingen?

Wie sieht jemand aus,
der Angst hat?

Welche
Handbewegungen
können gemacht
werden?

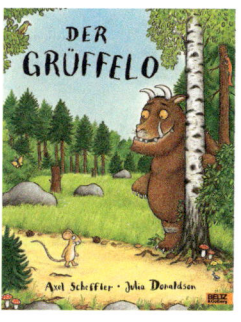

▸ einen Text inszenieren   ▸ Theater spielen S. 158, 160

Vorlesen und dazu spielen

Eine Räubergeschichte

Nach Hanna und Rolf Hanisch

1 Es ist dunkle Nacht.
Nichts ist zu sehen.

Drei Räuber stapfen
durch den Wald.
5 Der erste heißt Zack.
Der zweite heißt Zack-Zerack.
Der dritte heißt
Zack-Zerack-Zackeromini.

Die Räuber stapfen
10 durch den dunklen Wald.
Sie suchen einen Schatz.
Und wo steckt der Schatz?

Wo?

Im alten Schloss.

Der Schatz steckt im alten Schloss.
Und wo liegt das Schloss?
15 Das Schloss liegt im Wald.
Dort!

Die Räuber ducken sich.
Sie schleichen mit leisen Schritten.
Sie schieben die Zweige zur Seite.

20 Sie stehen vor dem Schloss.
Sie klopfen an das Tor.
Sie schauen durch ein Fenster.

Zack stößt mit dem Kopf an die Scheibe.
Es klirrt.

25 Das Schlossgespenst kichert. Hihi! Hihi!

Hihi! Hihi!

Theater spielen

Da kriegen die Räuber einen Schreck.
Sie laufen davon.

Hilfe!

Zack stößt gegen einen Baum.
Bumm!

30 Zack-Zerack stolpert über einen Stein.
Hoppla!

Zack-Zerack-Zackeromini
plumpst in den Bach.
Platsch!

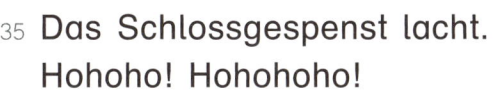

35 Das Schlossgespenst lacht.
Hohoho! Hohohoho!

Die Räuber ziehen wieder ab.

◇ **1** Lasst euch die Geschichte vorlesen,
und schaut die Bilder an.

◇ **2** Lest dann die Geschichte miteinander Zeile für Zeile.

◇ **3** Überlegt, probiert aus und macht vor,
was und wie ihr dazu spielen könnt.
Die Bilder geben euch Hinweise dafür.

◇ **4** Verteilt nun die Rollen für das Spiel der ganzen Geschichte:
• einen oder mehrere Vorleser,
• die drei Räuber,
• das Gespenst,
• das Schlosstor (zwei Kinder).
Die Kinder im Kreis machen alle Geräusche mit
und beantworten die Fragen.
Einige Kinder können auch Bäume oder den Stein darstellen.

▸ sinngestaltend vorlesen
▸ Bildanregungen aufgreifen
▸ einen Text inszenieren

▸ Wolken, Wind und Wetter
S. 118
▸ Im Jahreskreis S. 177

▸ Hör-CD: Nr. 27

145

Hexen- und Zaubersprüche lesen und erfinden

Eene, meene, eins, zwei, drei,
werd zu Gold, du kleines Ei.

Rumpel, pumpel, Mausespeck,
geh hinfort du ganzer Dreck.

Krötendreck und Schlangenei,
alter Besen sei entzwei.

Hasenfuß und Ottergrütze,
Gold sei unter meiner Mütze.

Hühnerei und Vogelbein,
Zimmer soll nun sauber sein.

1 Schreibe eigene Hexen- und Zaubersprüche.

2 Trage deine Hexen- und Zaubersprüche vor.

146
▸ Schreibmuster nutzen
▸ einen Text auswählen,
  vorbereiten und vortragen

▸ Wolken, Wind und Wetter
  S. 115

Ideenkiste

Kochrezepte – nur für die Olchis

Reifen-Rost-Suppe

Zutaten:

- ein halber Autoreifen,
- 200 Gramm rostige Nägel,
- ein halber Liter
  Tuschwasser.

Zubereitung:

1. Den Autoreifen
   in kleine Stücke
   schneiden.
2. Die Stücke in einen Topf
   geben und das Wasser
   hineingießen.
   Alles 10 Minuten
   kochen lassen.
3. Die rostigen Nägel
   dazugeben
   und gut umrühren.

Schreibe auch so ein Kochrezept
für die Olchis. Die Wörter helfen dir.
Du kannst aber auch
ganz andere Wörter benutzen.

> Ich schreibe
> ein Rezept
> für eine Pfeffertorte!

Wörter
für Zutaten:

Essig

Sägespäne

Mülltüte

Wörter
für die Zubereitung:

backen

mixen

kochen

Märchen

Es war einmal

◇ **1** Welche Märchenfiguren findet ihr im Bild?

◌ **2** Zu welchen Märchen passen die Gegenstände?

◌ **3** Was ist das Besondere an diesen Gegenständen?

▸ ein Bild genau betrachten
▸ erzählen und begründen

▸ Mit Geschichten umgehen
S. 140, 141
▸ Märchen S. 152

Märchengedicht

Uta Sommer

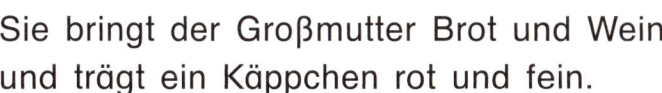

1 Es war einmal, wer weiß schon wann,
so fangen viele Märchen an.

Sie bringt der Großmutter Brot und Wein
und trägt ein Käppchen rot und fein.

5 In den Finger stach sie sich mit der Spindel,
hundert Jahre schlafen musste das Gesindel.

Das kleinste Geißlein in den Uhrenkasten sprang,
alle Geschwister der böse Wolf verschlang.

Weil niemand meinen Namen rät,
10 ist es für die Königstochter bald zu spät.

Voll Ekel wirft sie den Frosch an die Wand,
und plötzlich ein Königssohn vor ihr stand.

Was das hier für Märchen sind,
das weiß sicher jedes Kind.

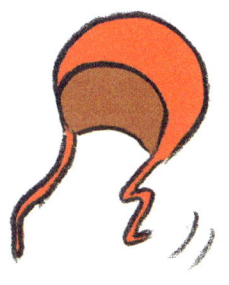

○ **1** Ordne die Bilder den Sätzen zu.

○ **2** Welche Märchen hast du erkannt?

▸ Märchen kennenlernen   ▸ Mit Geschichten umgehen
▸ Bilder und Texte zuordnen   S. 72, 73
▸ Vorwissen aktivieren   ▸ Märchen S. 152

Das Rübchen

Nach einem russischen Volksmärchen von Antje Kubusch

Der Großvater pflanzt ein Rübchen.
Schnell wächst es und wird größer und größer.
Bald ist es eine riesengroße gelbe Rübe.
Der Großvater will die Rübe ernten.
Er zieht und zieht.
Die Rübe steckt fest in der Erde.

1

Da kommt das graue Mäuschen gelaufen und
hilft dem schwarzen Kätzchen, dem scheckigen
Hündchen, der kleinen Mascha, der Großmutter
und dem Großvater ziehen.
Sie ziehen und ziehen und – hau ruck ...
Die riesengroße gelbe Rübe ist aus der Erde gezogen.

Da kommt das schwarze Kätzchen gelaufen
und hilft dem scheckigen Hündchen,
der kleinen Mascha, der Großmutter und
dem Großvater ziehen.
Die Rübe steckt fest in der Erde.

Da kommt die Großmutter gelaufen
und hilft dem Großvater ziehen.
Die Rübe steckt fest in der Erde.

Da kommt das scheckige Hündchen gelaufen
und hilft der kleinen Mascha,
der Großmutter und dem Großvater ziehen.
Die Rübe steckt fest in der Erde.

Da kommt die kleine Mascha gelaufen und
hilft der Großmutter und dem Großvater ziehen.
Die Rübe steckt fest in der Erde.

Der Großvater purzelt.
Die Großmutter purzelt.
Die kleine Mascha purzelt.
Das scheckige Hündchen purzelt.
Das schwarze Kätzchen purzelt.
Und das graue Mäuschen wedelt stolz
mit seinem Schwänzchen.

7

1 Setze die Teile des Märchens in die richtige Reihenfolge.

2 Woran konntest du erkennen, wie es weitergeht?

▶ Textabschnitte in die richtige   ▶ Hör-CD: Nr. 28
Reihenfolge bringen

151

Märchenreime

 „Die guten ins Töpfchen,
die schlechten ins Kröpfchen."

Aschenputtel

„Kikeriki,
unsere goldene Jungfrau
ist wieder hie."

Tischlein
deck dich

 „Spieglein, Spieglein
an der Wand,
wer ist die Schönste
im ganzen Land?"

Frau Holle

„Ich bin so satt,
ich mag kein Blatt,
mäh, mäh!"

Schneewittchen

 „Was macht mein Kind?
Was macht mein Reh?
Nun komm ich noch zweimal
und dann nimmermehr."

Brüderchen und
Schwesterchen

„Knusper, knusper, Knäuschen,
wer knuspert an meinem Häuschen?"
„Der Wind, der Wind,
das himmlische Kind."

Hänsel
und Gretel

1 Welcher Märchenspruch gehört zu welchem Märchen?

2 Welche Märchensprüche kennst du noch? Erzähle.

▶ Märchensprüche zuordnen   ▶ Märchen S. 148, 149
▶ Vorwissen aktivieren

Märchen-Traumgedicht

Elke Bräunling

Ich mag so gerne träumen
von Riesenzauberbäumen,

bei denen jedes einzelne Blatt
'nen Traum für mich zu bieten hat.

Und jeder Traum erzählt ein Märchen
von Elfen, Zwergen, einem Bärchen,

von Wolkengeistern, Hexen, Feen,
Königsschlössern, Zauberseen,

von Schneewittchen, Hans im Glück
und einem Erdbeereisbergstück,

von Peter Pan, Schlaraffenland,
Frau Holle und so allerhand

Geschichten, ja, du glaubst es kaum,
schenkt mir mein Riesenzauberbaum.

◦ **1** Lies das Gedicht leise durch.

◦ **2** Lies das Gedicht jetzt mindestens zweimal laut.

◦ **3** Beachte die Tipps für das Auswendiglernen von Gedichten.

▸ ein Gedicht auswendig lernen   ▸ Mit Geschichten umgehen S. 104

Väterchen Frost

Nach einem russsischen Märchen

1 Es war einmal vor langer Zeit ein Mann mit seiner Frau.

Beide waren verheiratet gewesen,
doch ihre früheren Eheleute waren gestorben
und so hatten sie wieder geheiratet.

5 Jeder hatte aus seiner früheren Ehe je eine Tochter.
Die Tochter der Frau war böse und gemein, während
die Tochter des Mannes lieb und sanft war.
Die Frau aber liebte nur ihre eigene Tochter
und ließ ihre Stieftochter den ganzen Tag hart arbeiten.
10 Sie hasste die Tochter des Mannes von Tag zu Tag mehr.

Eines Tages, mitten in einem harten, kalten Winter,
beschloss die Frau, dass das arme Mädchen
in den tiefen Wald gebracht werden sollte.
Der Vater des Mädchens wollte es nicht, doch
15 seine Frau war so boshaft, dass er seine Tochter tatsächlich
mit in den Wald nahm und sie dort alleine ließ.

Einsam und verlassen saß das Mädchen nun
unter einem Baum.
Doch schon nach kurzer Zeit hörte sie ein Knacken
20 von Zweigen und eine Stimme, die sprach:
„Frierst du, liebes Kind?"
Das Mädchen erkannte die Stimme und antwortete:
„Nein, Väterchen Frost. Mir ist nicht kalt."
Da fragte er sie noch mehrmals, ob ihr kalt sei.

25 Das Mädchen antwortete jedes Mal, dass ihr warm sei.
Dem Väterchen tat das arme Kind sehr leid.
Er wickelte es in einen weichen, prächtigen Mantel.
Dieser wärmte es die ganze Nacht und am Morgen überhäufte
Väterchen Frost es mit Geschenken.

30 Der Vater bedauerte
seine Tat inzwischen
und kam am nächsten Tag
in den Wald zurück,
um seine Tochter zu retten.
35 Wie freute er sich,
als er sie warm bekleidet
und mit großen
Reichtümern beladen fand.

Als die Stiefmutter die Reichtümer des Mädchens
40 sah, wollte sie sofort, dass auch ihre Tochter
eine Nacht im Wald verbringen solle.

Der Mann brachte die Tochter der Frau in den Wald.
Doch als er sie am nächsten Morgen holen wollte,
erschrak er. Nicht beladen mit Reichtum, sondern erfroren
45 lag das Mädchen da.

Er lief nach Hause, nahm seine eigene Tochter bei der Hand
und zog von der bösen Stiefmutter für immer fort.

Und wenn sie nicht gestorben sind, so leben sie noch heute.

◇ **1** Wie viele Personen kommen in dem Märchen vor?

◇ **2** Welche dieser Eigenschaften treffen
auf die Tochter der Frau zu?
gut und fromm, böse und gemein, hilflos und traurig

◇ **3** Warum wollte die Mutter ihre eigene Tochter
in den Wald schicken?

◇ **4** Nenne Märchen, in denen zwei Kinder
ähnlich beschrieben werden.

Nach Bildern erzählen

Geschichten oder Märchen werden
nicht immer aufgeschrieben.
Manchmal sind sie auch nur in Bildern dargestellt.

Um eine Bildergeschichte zu erzählen,
gehe ich immer gleich vor.

1. Schritt: Anschauen
Ich schaue mir die Bilder gut an.
Ich überlege:
Was könnte dort passiert sein?

2. Schritt: Notizen machen
Ich schreibe zu jedem Bild
Stichpunkte oder einen Satz auf.

3. Schritt: Erzählen
Ich erzähle die Geschichte
oder das Märchen
den anderen Kindern.

Probiere dieses mit den Bildern
auf der nächsten Seite aus.

▸ eine Methode kennenlernen ▸ Tiere in Haus und Garten
S. 66
▸ Mit Geschichten umgehen
S. 72, 73, 158

Mit Geschichten umgehen

Rotkäppchen

Nach den Brüdern Grimm

▸ ein Märchen mithilfe von Bildern nacherzählen

▸ Tiere in Haus und Garten S. 66

Märchenabschnitte und Bilder zuordnen

Der Froschkönig

Nach den Brüdern Grimm

Es war einmal eine Königstochter, die saß an einem Brunnen. Sie hatte als Spielzeug eine goldene Kugel. Die warf sie in die Höhe. Auf einmal rollte die Kugel in den Brunnen hinein. Das Mädchen fing an, jämmerlich zu weinen: „Ich wollte alles darum geben, wenn ich die Kugel nur wiederhätte!"

1 Da kam ein Frosch aus dem Wasser und sagte: „Wenn du mich heiratest, bringe ich sie dir wieder." Das versprach die Königstochter, und der Frosch holte ihr die goldene Kugel herauf.

2 Sie lief mit der Kugel nach Hause, den Frosch aber nahm sie nicht mit.

3 Am anderen Tag klopfte der Frosch an die Tür und rief: „Königstochter, jüngste, mach mir auf! Weißt du nicht, was du mir gestern versprochen hast?"

4 Da sagte der König: „Was du versprochen hast, musst du halten. Geh und öffne dem Frosch die Tür!"

5 So musste die Tochter den Frosch hereinlassen und von ihrem goldenen Tellerchen essen lassen.

6 Wie der Frosch sich satt gegessen hatte, wollte er sich zu ihr ins Bettchen legen. Da packte sie ihn mit zwei Fingern und trug ihn in ihr Kämmerlein. Sie wollte ihn aber nicht in ihr Bett legen.

7 Stattdessen warf sie ihn – batsch – an die Wand.

8 Da fiel er herab und war ein schöner, junger Prinz. Er war von seinem Zauber erlöst, und die Königstochter heiratete ihn.

A

E

B

F

C

G

D

H

Mit Geschichten umgehen

1 Lest das Märchen Abschnitt für Abschnitt vor.
Zeigt jeweils auf das Bild,
das zum vorgelesenen Abschnitt passt.

2 Erzählt das Märchen mithilfe der Bilder.

▸ Texte und Bilder zuordnen ▸ Mit Geschichten umgehen ▸ Hör-CD: Nr. 30
▸ ein Märchen mithilfe von S. 73, 156
  Bildern erzählen

159

Ein Märchen vorspielen

Zilli, Billi und Willi

Elisabeth Shaw

Willi

Billi

Zilli

1 Es waren einmal drei Schweinchen. Zilli, Billi und Willi.
Zilli baute sich ein Haus aus Stroh.
Billi baute sich ein Haus aus Holz.
Willi baute sich ein festes Haus aus Stein.

5 „Nun", sagten die drei Schweinchen,
„wenn der böse Wolf kommt, verstecken wir uns
in unseren Häusern. Wir haben keine Angst
vor dem bösen Wolf!"

Eines Tages schlich der böse Wolf vorbei
10 und wollte die Schweinchen fressen.
Zilli, Billi und Willi rannten in ihre Häuser.

Der Wolf kam zu Zillis Haus aus Stroh und sagte:
„Ich werde husten und pusten und dein Haus wegpusten!"
Er hustete und pustete, bis das Haus weg war.
15 Zilli rannte zu Billis Haus.

Der Wolf kam zu Billis Haus aus Holz und sagte:
„Ich werde husten und pusten und dein Haus wegpusten!"
Er hustete und pustete, bis das Haus weg war.
Zilli und Billi rannten zu Willis Haus.

20 Der Wolf kam zu Willis Haus aus Stein und sagte:
„Ich werde husten und pusten und dein Haus wegpusten!"
Er hustete und pustete,
aber das Steinhaus konnte er nicht wegpusten.
Der Wolf hustete und pustete so sehr, dass er platzte.

25 Da lachten die drei kleinen Schweinchen.
Von nun an wohnten Zilli, Billi und Willi zusammen
in dem Haus aus Stein.
„Wir haben keine Angst vor dem bösen Wolf!",
sagten sie.

Theater spielen

◊ **1** Lest den Text mit verteilten Rollen.

▸ ein Märchen kennenlernen   ▸ Theater spielen S. 108, 142

Texte entflechten

1 Es war einmal ein armes Mädchen,
das lebte mit seiner Mutter allein und
sie hatten nichts mehr zu essen.

Es war einmal ein Müller, der besaß eine Windmühle,
5 drei Söhne, einen Esel und einen Kater.

Da ging das Kind in den Wald.

Als der Müller starb, teilten sich die drei Söhne das Erbe.
Dort begegnete ihm eine alte Frau, die ihm ein Töpfchen
schenkte, zu dem es sagen sollte: „Töpfchen koche!"
10 Sofort begann das Töpfchen, süßen Hirsebrei zu kochen.
Der älteste bekam die Windmühle,
der zweite den Esel und der dritte den Kater.
Wenn es sagte: „Töpfchen steh", so hörte es wieder auf.
Das Mädchen brachte das Töpfchen seiner Mutter heim
15 und so hatten sie jeden Tag zu essen.
Der dritte war sehr traurig und fragte sich:
„Was soll ich mit dem Kater anfangen?"

1 In diesem Text sind zwei Märchen versteckt.
Welche Sätze gehören zu dem Märchen **Der süße Brei**?

2 Lies das Märchen **Der süße Brei** vor.

3 Lies jetzt das andere Märchen. Wie heißt es?

4 Wie gehen die Märchen weiter? Erzähle.

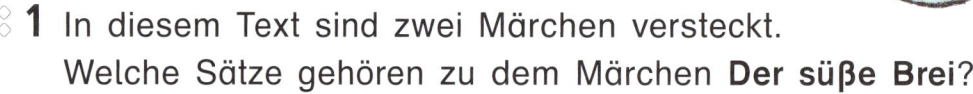

Ideenkiste

Ein Märchen-ABC schreiben

A SCHENPUTTEL
B
S C HNEEWITTCHEN
D AS ...
E
F
FROSCHKÖNI G
H EUTE BACK ICH, ...
I
J
K
STERNTA L ER
M
N
:
:

⧂ **1** Schreibe ein Märchen-ABC.
Die Buchstaben des Alphabets können dabei am Anfang,
in der Mitte oder am Ende stehen.
Du kannst dafür ein Märchenbuch nutzen.

▸ Schreibmuster nutzen   ▸ In der Schule S. 14
▸ das ABC vertiefen

Im Jahreskreis

Vier Jahreszeiten

◇ **1** Welche Jahreszeit gefällt dir am besten? Erzähle.

◇ **2** Die Jahreszeiten sind sehr unterschiedlich. Erkläre.

▸ ein Bild genau betrachten   ▸ Mit Geschichten umgehen
▸ Vorwissen aktivieren   S. 140

Die Jahreszeiten

Ich lasse die Blätter bunt
werden und herunterfallen.
Mein bester Freund
ist der Wind.
Ich puste die Drachen
in den Himmel.
Die Früchte sind reif
und werden geerntet.

Ich lasse
die Pflanzen sprießen
und alles wird grün.
Die Menschen kommen
aus ihren Häusern und
genießen die ersten
warmen Sonnenstrahlen.
Die Vögel kehren aus
dem Süden zurück und
andere Tiere beenden
ihren Winterschlaf.

Ich lasse
die Schneeflocken
durch die Luft tanzen.
Draußen wird es
früh dunkel.
Wenn die Kinder
zum Schneemannbauen
aus dem Haus gehen,
ziehen sie sich warm an.
Viele Familien
feiern Weihnachten.

Mich lieben die Menschen
besonders, weil ich für
schönes Wetter sorge.
Die Kinder können lange
draußen spielen, weil es
erst spät dunkel wird.
Viele Menschen gehen
baden und essen Eis.

1 Ordne die Texte den Jahreszeiten zu. Begründe.

2 Was gefällt dir an den Jahreszeiten nicht?

▸ Informationen entnehmen
▸ über eigene Erfahrungen
  sprechen

Verkleidungsfest

Georg Bydlinski

1 Der Peter nennt es Fasching,
die Jule Karneval,
der Oliver sagt Fastnacht ...
Doch ist das nicht egal?

5 Was zählt, ist: Du verkleidest dich.
Du willst verwandelt sein.
Du bleibst trotz deiner Maske du.
Du feierst nicht allein.

Die Manu geht als Löwin,
10 der Felix als Vampir,
Matthias geht auf allen vier'n
als Fußball-Trampeltier.

Die Zwillinge sind Filmstars.
Max schleppt ein Mikrofon –
15 ist er ein Chefreporter
oder der Mann vom Ton?

Wer ist die Kräuterhexe?
Und wer der Astronaut?
Sogar der leise Lukas
20 trompetet heute laut!

Die Lina nennt es Fasching,
der Gerhard Karneval,
die Valerie sagt Fastnacht ...
Doch ist das nicht egal?

1 Richtig oder falsch?
Schreibe die Buchstaben auf.

Richtig	Falsch
A	L
U	G
F	R
S	T
B	E
V	A
M	L
L	I
L	O
N	P

1. Jule nennt das Verkleidungsfest Fastnacht.
2. Peter sagt zum Verkleidungsfest Fasching.
3. Beim Verkleidungsfest ist es wichtig, dass du dich verkleidest.
4. Hast du dich verkleidet, bist du nicht mehr du.
5. Das Verkleidungsfest feierst du nicht allein.
6. Lukas spielt die Flöte laut.

7. Felix geht auf allen vieren als Fußball-Trampeltier.
8. Auf dem Verkleidungsfest gibt es zwei Filmstars.
9. Max schleppt ein Radio.

10. Gerhard nennt das Verkleidungsfest Karneval.

2 Wie viele Kinder kommen in dem Gedicht vor?

3 Wie heißt das Verkleidungsfest bei euch?

4 Wie würdest du dich gern verkleiden?
Male oder schreibe.

▶ richtige Informationen auswählen ▶ Texte verstehen S. 70

April, April

Astrid Lindgren

1 Lies die Überschrift und den Text bis Zeile 13.
Vermute, wie die Geschichte weitergehen könnte.

2 Lies nun den Text vollständig.

1 Am Nachmittag lief Lasse zum Südhof und sagte zu Ole:
„Ole, ein Lumpensammler ist in den Nordhof gekommen.
Er kauft Steine auf."
„Steine kauft er auf?", fragte Ole.
5 „Was denn für Steine?"
„Na, solche Steine, wie ihr sie hier im Garten habt",
sagte Lasse. Und Ole fing an, so viele Steine,
wie er konnte, in einen Sack zu sammeln.
Und dann hastete er mit dem
10 vollen Sack zum Nordhof.
Dort war wirklich ein Mann,
aber der kaufte nur Lumpen und Flaschen.
„Bitte, hier haben Sie noch meine Steine", sagte Ole.
Er schleppte dem Mann den Sack entgegen
15 und sah ganz verzückt aus. „Steine?", sagte der Mann
und begriff nichts. „Sagtest du Steine?"
„Und ob", sagte Ole. „Richtige, prima Feldsteine sind es.
Ich habe sie selbst in unserem Garten aufgesammelt."
„Ach so", sagte der Mann, „da haben sie dich aber
20 schön angeführt, mein kleiner Freund."
Da erinnerte sich Ole, dass ja erster April war.
Sein Gesicht lief rot an, und er nahm den Sack
über die Schulter und zog damit wieder nach Hause.
Aber hinter dem Zaun stand Lasse und schrie laut:
25 „April, April!"

3 Auf welchen April-Scherz bist du schon einmal hereingefallen?

▷ über eigene Erfahrungen
sprechen
▶ Mit Geschichten umgehen
S. 90, 91

Ich freu mich auf den Frühling

Regina Schwarz

1 Lies das Gedicht und setze die Reimwörter passend ein.

Nach draußen laufen, Sonne fühlen,
zum ersten Mal im Sand rumwühlen,

mit Glitzerseifenblasen tanzen,
die ersten Frühlingsblumen _____,

mich hinterm Lieblingsbusch verstecken,
den Spielplatz wieder neu _____,

nach meinem Igel Ausschau _____,
für Ostern bunte Hühner falten,

und beim Zubettgeh'n immer denken:
Ob sie mir einen Hasen _____?

schenken

halten

entdecken

pflanzen

2 Schreibe das Gedicht ab.

3 Markiere zusammengehörende Reimwörter.

4 Male zu einem Vers ein passendes Bild.

Ostern

Nina Jacobsen

1 Ostern feiern die Christen, um an den Tod
und die Auferstehung von Jesus Christus zu denken.
Das Osterfest findet immer an einem
Sonntag im Frühling statt.

5 Du fragst dich, warum das jedes Jahr
ein anderer Sonntag ist? Ostern wird immer am ersten
Sonntag nach dem ersten Frühlingsvollmond gefeiert.
Weil sich dieser erste Vollmond im Frühling jedes Jahr
ändert, verschiebt sich auch der Ostersonntag.
10 Die Christen feiern Ostern frühestens am 22. März
und spätestens am 25. April.

Ostern wird an vielen Orten auf der ganzen Welt gefeiert.
In Deutschland sind der Osterhase und das Osterei von
großer Bedeutung. Das Osterei ist ein Zeichen für neues
15 Leben, weil es verschlossen ist und neues Leben beinhaltet.
Ostereier werden – so wird erzählt – vom Osterhasen
gebracht und versteckt.
Am Ostersonntag suchen die Kinder die Ostereier.
Viele Christen besuchen den Oster-Gottesdienst
20 in der Kirche und genießen
ein festliches Essen
mit der Familie.
Das Osterfest ist ein fröhliches Fest.
Deshalb wünschen sich die Menschen
25 am Ostersonntag „Frohe Ostern".

◇ **1** An welchem Wochentag findet Ostern statt?

◇ **2** Wofür sind Ostereier ein Zeichen?

◇ **3** Wie begrüßen sich die Menschen zu Ostern?

Das Zuckerfest

Anika Şahin

1 Am Montag schläft Aykut im Unterricht ein.
Sein Sitznachbar Paul weckt ihn und flüstert:
„Was ist denn mit dir heute los?"

  Aykut erklärt: „Ich bin zur Zeit nachts
5 lange mit den Erwachsenen wach."
Paul fragt: „Warum denn das?"

  Aykut berichtet freudig: „Wir Muslime
haben unseren heiligen Monat Ramadan.
Am Ende des Ramadans feiern wir
10 drei Tage lang das Zuckerfest!"
Paul fragt erstaunt:
„Was ist denn das Zuckerfest?
Esst ihr da drei Tage lang nur Zucker?"

  Aykut erzählt: „Nein, natürlich nicht!
15 Im Ramadan trifft sich die ganze Familie
erst am Abend zum Essen, weil wir fasten
müssen, bis die Sonne untergegangen ist.
Am Zuckerfest feiern wir dann das Ende
der Fastenzeit. Es gibt viele leckere Sachen
20 und auch süßes Gebäck."
Paul möchte wissen: „Wünscht ihr euch
auch ein frohes Zuckerfest?"

  Da erklärt Aykut: „Ja, wir Türken sagen
Bayramın kutlu olsun, auf Arabisch heißt es
25 *Eid Mubarak.*"

◌ **1** Erzähle, wie Aykut das Zuckerfest feiert.

◌ **2** Was bedeuten die Begriffe **fasten, Muslime, Fastenzeit?**
    Schau in einem Lexikon oder im Internet nach.

▸ Informationen entnehmen   ▸ Texte verstehen S. 70
▸ recherchieren

Strandsand

Christa Zeuch

1 Leise rinnt durch meine Hand
feiner, weißer Sand vom Strand.
He, ich mach den etwas nasser.
Darum geh ich jetzt ans Wasser.

5 Meine Hände können wühlen,
matschen, graben, schaufeln, fühlen.
Wie die nasse Pampe glitscht!
Wie sie schmiert und schmatzt und flitscht!

Seht, ich kann auch darauf gehen,
10 erst auf Hacken, dann auf Zehen.
Meine Spuren zeigen dir:
Hier spaziert ein Trampeltier!

Watsche-platsch, klecker-klatsch,
ich bau mir eine Burg aus Matsch.
15 Kommt mich bitte gleich besuchen,
ich back Eierpampekuchen!

○ **1** Denke dir Bewegungen zu dem Gedicht aus.

○ **2** Lerne das Gedicht auswendig.

○ **3** Trage das Gedicht vor.
Das geht auch zu zweit, zu dritt oder zu viert.

Kindertag

Astrid Lindgren

1 Einmal las Lasse in der Zeitung,
dass in Stockholm der Kindertag gefeiert wurde.
Da sagte Lasse:
„In Bullerbü sollten wir auch einen Kindertag feiern.
5 Wir wollen einen Kindertag für Kerstin machen."
„Wie denn?", fragte Ole.
„Wie macht man einen Kindertag?"
„Man macht eine ganze Menge Spaß", sagte Lasse.

1 Was könnten Lasse und Ole an diesem Kindertag
für Kerstin tun?

Internationaler Kindertag

1 Viele Kinder auf der Welt feiern einmal im Jahr
den Kindertag. In Deutschland ist das der 1. Juni.
In vielen Familien und bei verschiedenen Veranstaltungen
stehen an diesem Tag nur die Kinder im Mittelpunkt.
5 Sie sollen dabei richtig viel erleben und Spaß haben.
Es soll daran erinnert werden, dass die Kinder
die Zukunft auf unserem Erdball sind.
Doch eigentlich gibt es den Kindertag,
damit die Kinder an diesem Tag
10 auf ihre Rechte aufmerksam
machen können.

2 Wie feiert ihr den Kindertag?

3 Finde heraus, welche Rechte Kinder haben.

Die Flaschenpost

Helme Heine

1 Stell dir mal vor, du bist eine Flasche.
Du stehst herum und wartest darauf,
gekauft zu werden.

Dann geht die Türe auf, ein Seeräuber
5 betritt den Laden und nimmt dich mit.

Dazu gehört natürlich ein bisschen Glück,
denn nicht viele Flaschen werden
von Seeräubern gekauft.

Der Seeräuber nimmt dich mit
10 an Bord, holt den Anker ein
und segelt mit dir fort.
Ihr geratet in einen Sturm,
der Hauptmast bricht, das Schiff
zerschellt an einem Felsen
15 und geht unter.

Du rettest dich mit dem Seeräuber
auf eine kleine, unbewohnte Insel.
Der Seeräuber trinkt dich aus.
Aber nicht aus Verzweiflung.
20 Er braucht dich als Flaschenpost.

Er schreibt ein paar Zeilen
an seine Mutter, steckt den Brief
in dich hinein und wirft dich
zurück ins Meer.

▸ lebendige Vorstellungen
zu einem Text entwickeln
▸ Perspektiven einnehmen

25 Du schwimmst auf dem kürzesten Weg
nach Hause zu seiner Mutter,
die schon sehnsüchtig auf Post
von ihrem Seeräubersohn wartet.

Sie liest den Brief
30 und fährt sofort los,
um ihren Sohn
von der einsamen Insel
zu retten.

Aus Dankbarkeit baut der Seeräuber
35 ein kleines Segelschiff, das genau in dich hineinpasst.
Das schenkt er seiner Mutter zum Geburtstag,
die sich sehr darüber freut.

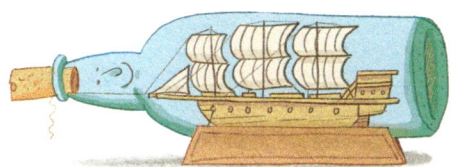

Ja, so aufregend
kann das Leben sein!
40 Aber nur,
wenn du eine Flasche bist
oder ein Seeräuber
oder die Mutter
von einem Seeräuber.

○ **1** Erzähle,
was du als Flasche erlebt hast.

○
○ **2** Was könnte in dem Brief des Seeräubers
○ an seine Mutter stehen?

▸ Mit Geschichten umgehen
S. 90, 91

Sommerferien bei den Großeltern

Martin Nader

1 Endlich sind Sommerferien. Metin ist schon ganz aufgeregt.
Er fliegt mit seiner Familie für sechs Wochen in die Türkei.

Sie wollen Metins Großeltern besuchen.
Die Großeltern leben am Meer.
5 Dort kann man super buddeln und Sandburgen bauen.
Die meisten von Metins Verwandten leben in der Türkei.
Sie sprechen alle Türkisch und können nur ein paar Wörter
auf Deutsch sagen. Metin ist das egal.
Zu Hause spricht er mit seiner Mutter auch nur Türkisch.
10 Auf das Wiedersehen mit seinem Großvater
freut Metin sich schon ganz besonders.

Dann ist es endlich so weit! Metin und sein Großvater
begrüßen sich. „Merhaba Metin!", sagt der Opa.
„Merhaba Dede!", antwortet Metin.
15 Natürlich will der Großvater erst einmal wissen,
wie es Metin geht: „Nasılsın Metin?"
Metin geht es gut und er antwortet: „İyiyim!"
Jetzt will Metin aber schnell an den Strand.
Ob man hier wohl baden darf? Sofort fragt er
20 seinen Großvater: „Burada suya girilir mi?"
„Evet!", antwortet der Großvater und Metin
lacht vor Freude. Er nimmt Anlauf und zählt:
„Bir, iki, üç!" Dann rennt er ins Wasser!

○ **1** Warum ist Metin aufgeregt?

○ **2** Überlegt, was die türkischen Wörter
und Sätze auf Deutsch bedeuten könnten.

○ **3** Was unternimmst du gerne mit deinen Großeltern?

176
▸ Wörter in einer anderen Sprache kennenlernen
▸ über eigene Erfahrungen sprechen
▸ Hör-CD: Nr. 33

1 Lest das Gedicht mit verteilten Rollen.

Der Wind vor dem Richter

Oskar Dreher

Richter: Wer hat was gegen den Wind zu klagen?

1. Kläger: Mir hat er ein Fenster entzweigeschlagen.
2. Kläger: Mich packte er wie ein Hund am Rock.
3. Kläger: Mir warf er vom Fenster einen Blumenstock.
4. Kläger: Mir zog er die Wäsche vom Seil auf den Rasen.
5. Kläger: Mir hat er die Zeitung vom Tisch geblasen.
6. Kläger: Mir hat er den Staub ins Gesicht geweht.
7. Kläger: Mir hat er den Regenschirm umgedreht.

Richter: Das sind ja ganz böse Geschichten.
              Wer weiß nun was Gutes vom Wind zu berichten?

1. Zeuge: Mir wär' ohne Wind noch kein Drachen gestiegen.
2. Zeuge: Auch ich kann ihn brauchen beim Segelfliegen.
3. Zeuge: Er trocknet die Wäsche und trocknet die Erde.
4. Zeuge: Er lenkt doch die Wolken wie der Hund seine Herde.
5. Zeuge: Er ist auch ganz lustig, wenn er spielt mit den Hüten.
6. Zeuge: Und macht er nicht fruchtbar Millionen von Blüten?

Richter: Man bringe den Angeklagten hierher,
              dann stelle er sich mal selber zur Wehr.

Diener: Herr Richter, ich suchte im ganzen Haus,
              ich glaube, er flog zum Schornstein hinaus.

Richter: Dann ist er freilich nicht mehr zu fassen.
              Wir wollen ihn weiterhin blasen lassen.

2 Lerne deinen Textteil auswendig.

3 Spielt den Text nach.

▸ einen Text inszenieren   ▸ Theater spielen S. 92, 108,
▸ sinngestaltend vorlesen   142, 144

177

Wenn die Blätter fallen

Rudolfine Fellinger

1 Heute regnet's Blätter
und das macht uns Spaß,
denn vom Blätterregen
werden wir nicht nass.

5 Die Blätterpfützen rascheln
leis' bei jedem Schritt,
wir wollen darin waten
– wer von euch kommt mit?

Kastanien

Josef Guggenmos

1 Kommt alle,
hier gibt's was,
hier liegt was
im Gras.
5 Da liegen
Kastanien.
Zehn werfen wir
bis Spanien.
Aber die andern,
10 die wir entdecken,
tragen wir heim
in unseren Säcken.
Und machen dort
aus den Kugeln, den braunen,
15 eine Herde
zum Staunen.

◇ **1** Was machst du gern im Herbst?

▸ Informationen entnehmen
▸ über eigene Erfahrungen
sprechen

▸ Mit Gedichten umgehen
S. 104

Nebel

Ernst Kreidolf

1 Ich stehe am Fenster und schaue hinaus.
Seht doch: Verschwunden ist Nachbars Haus.
Sagt: Wo ist die Straße, wo der Weg,
wo sind die Häuser, wo der Steg?
5 Der Nebel bleibt hängen, hat alles versteckt,
hat Straßen und Häuser ganz zugedeckt.

Wie Nebel entsteht

Ursula Schwarz

1 Manchmal kannst du es selbst erfahren:
Du atmest die Luft aus,
und wenn es draußen kalt ist, bildet sich
eine kleine Nebelwolke vor deinem Mund.
5 Das ist der Wasserdampf, der bei Kälte entsteht.
So ist das auch mit dem Nebel.
Wenn du an einem kalten Herbsttag
an einem Fluss vorbeikommst,
dann siehst du eine weiße Nebeldecke darüber liegen.
10 Dieser Nebel kann sich über das ganze Land ausbreiten.
Manchmal ist der Nebel so dicht, dass die Leute sagen:
„Man kann die Hand vor den Augen nicht mehr sehen."

1 In beiden Texten geht es um Nebel.
Was ist ähnlich? Was ist anders?

2 Erzählt von euren Nebel-Beobachtungen
und Nebel-Erlebnissen.

▶ Informationen entnehmen
▶ Gedicht und Sachtext zu
einem Thema vergleichen

▶ Wolken, Wind und Wetter
S. 113

Der Herbst steht auf der Leiter

Peter Hacks

1 Der Herbst steht auf der Leiter
Und malt die Blätter an,
Ein lustiger Waldarbeiter,
Ein froher Malersmann.

5 Er kleckst und pinselt fleißig
Auf jedes Blattgewächs,
Und kommt ein frecher Zeisig,
Schwupp, kriegt der auch nen Klecks.

Die Tanne spricht zum Herbste:
10 Das ist ja fürchterlich,
Die andern Bäume färbste,
Was färbste nicht mal mich?

Die Blätter flattern munter
Und finden sich so schön.
15 Sie werden immer bunter.
Am Ende falln sie runter.

Was ist denn ein Zeisig?

Die Tannennadeln
bleiben immer grün.

Wieso ist der
Herbst ein Maler?

Und darüber ärgert
sich die Tanne.

▶ gezielt nachfragen ▶ Hör-CD: Nr. 34

Ein Halloween-Gespenst basteln

Du benötigst:

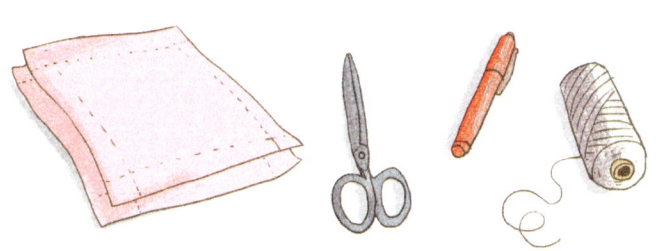

- 2 Taschentücher,
- Schere,
- Filzstift,
- Bindfaden.

1. Rolle ein Taschentuch ganz eng zu einer Kugel zusammen.

2. Lege das andere Taschentuch ausgebreitet vor dich hin.

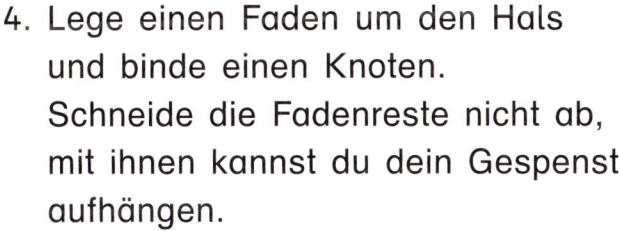

3. Lege die Kugel in die Mitte des Taschentuchs und schlage dieses um. Du hast nun schon den Kopf.

4. Lege einen Faden um den Hals und binde einen Knoten. Schneide die Fadenreste nicht ab, mit ihnen kannst du dein Gespenst aufhängen.

5. Male deinem Gespenst Augen.

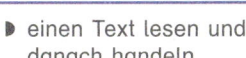

Spiellied vom heiligen Martin

Text: Rolf Krenzer, Melodie: Peter Janssens

1 Ein ar-mer Mann, ein ar-mer Mann, der klopft an vie-le Tü-ren an.

Er hört kein gu - tes Wort, und je - der schickt ihn fort.

Er hört kein gu - tes Wort, und je - der schickt ihn fort.

2.
Ihm ist so kalt. Er friert so sehr.
Wo kriegt er etwas Warmes her?
Er hört kein gutes Wort
und jeder schickt ihn fort.

3.
Der Hunger tut dem Mann so weh,
und müde stapft er durch den Schnee.
Er hört kein gutes Wort
und jeder schickt ihn fort.

4.
Da kommt daher ein Reitersmann,
der hält sogleich sein Pferd hier an.
Er sieht den Mann im Schnee
und fragt: „Was tut dir weh?"

5.
Er teilt den Mantel und das Brot
und hilft dem Mann in seiner Not,
so gut er helfen kann.
Sankt Martin heißt der Mann.

6.
Zum Martinstag steckt jedermann
die leuchtenden Laternen an.
Vergiss den andern nicht!
Drum brennt das kleine Licht.

1 Spielt das Lied nach. Wie viele Spieler benötigt ihr?

▸ szenisch spielen ▸ Mit Gedichten umgehen
S. 107
▸ Theater spielen S. 142

Legende über den Nikolaus von Myra

Nina Jacobsen, Anika Şahin

1 Den heiligen Nikolaus kennt jedes Kind.
Geschichten über ihn gibt es viele.
Solche Geschichten über Heilige nennt man Legenden.

Der heilige Nikolaus wurde vor vielen Jahren
5 in der Türkei geboren. Er war sehr gerecht und
stets um das Wohl anderer Menschen bemüht.
Deshalb wählten ihn die Menschen zum Bischof von Myra.

Einige Jahre später herrschte in der Türkei eine
große Hungersnot, denn es wurde kein Getreide
10 mehr geliefert. Doch eines Tages kam endlich
ein mit Korn beladenes Schiff vor den Hafen von Myra.
Piraten bedrohten das Schiff. Sie ließen es nicht
in den Hafen einlaufen. Von den Bewohnern forderten sie
eine große Menge Gold. Das Gold der Bewohner
15 reichte jedoch nicht aus. Deshalb sollten die Eltern
ihre Kinder an die Piraten abgeben. Um das zu verhindern,
holte der heilige Nikolaus den gesamten
Kirchenschatz. Er gab ihn den Piraten.
So wurden die Kinder gerettet.
20 Das mit Getreide beladene Schiff
konnte in den Hafen einfahren.

1 Warum wurde Nikolaus
zum Bischof gewählt?

2 Welchen Plan hatten die Piraten?

3 Wie rettete der heilige Nikolaus die Kinder?

4 Warum erinnern die Menschen noch heute
an den heiligen Nikolaus?

▸ eine Legende kennenlernen   ▸ Texte verstehen S. 70
▸ Informationen entnehmen

Morgen, Kinder, wird's was geben

Rotraut Susanne Berner

> Lass uns mit unserem Schlitten in den Wald gehen.

> Lasst uns dem Schlitten folgen!

> Reich mir mal den Hundeknochen!

> Glaubst du die Waldtiere werden sich freuen?

> Da steigt aber ein köstlicher Duft aus dem Korb!

◇ **1** Lies die Sprechblasen und ordne sie den Bildern zu.

▶ Mit Geschichten umgehen
S. 73

2 Was könnten die Tiere auf diesem Bild sagen oder denken?

3 Schreibe eine Geschichte zu den Bildern.

▸ zu Bildern erzählen ▸ Mit Geschichten umgehen
S. 140, 141

Winter

Wolfgang Menzel

1 Was im Winter Freude macht?
Schlitten fahren, Schneeballschlacht.
Draußen toben, bis die Ohren
und die Finger rot gefroren.

5 Mir den Schnee vom Handschuh lecken.
Meine Mutter zu erschrecken
und ihr eine Handvoll Schnee
oben in den Kragen stecken.

Schneemann bauen, Schlittschuh laufen,
10 durch den Schnee spazieren gehn.
Und es ist besonders schön,
von den riesengroßen Haufen
Schnee ganz schnell hinabzurutschen
auf dem Hintern oder auch
15 – auf dem Bauch.

Winter

Nachgedichtet von der Klasse 2b der Grundschule Theley

1 Was im Winter Ärger macht?
Nichts als Glatteis, Schneematschschlacht.
Draußen zittern, wenn die Ohren
und die Finger steif gefroren.

5 Mir die Kleider nass zu machen,
dass die andern Kinder lachen,
und mit hohem Fieber dann
wochenlang das Bett bewachen.

Auszurutschen, hinzufallen,
10 und es tut ganz furchtbar weh,
auf dem zugefrorenen See
auf das harte Eis zu knallen.
Schuhe, Strümpfe, alles nass,
– so macht Winter keinen Spaß!

◇ **1** Arbeitet zu zweit.
Ein Kind liest eine Strophe aus dem linken Gedicht.
Dann liest ein anderes Kind die erste Strophe
aus dem rechten Gedicht.
Das eine Kind liest fröhlich, und das andere liest wütend.

◇ **2** Malt Bilder zu den einzelnen Strophen
und haltet sie beim Vorlesen in die Höhe.

▸ zusammenarbeiten   ▸ Theater spielen S. 92, 109   ▸ Hör-CD: Nr. 35
▸ Gedichte sinngestaltend
  vorlesen

Übungskiste

Texte entflechten

1 Lies dir die beiden Strophen
leise durch. Was fällt dir auf?

Sommerregen – Sommersonne

Barbara Rhenius

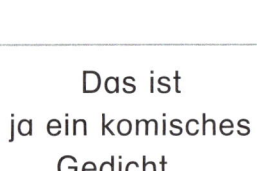

1 Im Sommer, wenn es regnet,
Was für ein schönes Wetter!
Dann tropft es in das Fass.
Die Sonne scheint so heiß.
5 Und unsre ganze Straße
Wird überall ganz nass.
Ich gehe gleich zum Kiosk
Und kaufe mir ein Eis.

Im Sommer, wenn es regnet,
10 Die Sonne scheint vom Himmel,
Wir gehen aus dem Haus.
Da bleiben wir zu Haus.
Wir wollen barfuß laufen
Und lachen aus der Stube
15 Das schlechte Wetter aus.
Und ziehn die Strümpfe aus.

> Das ist
> ja ein komisches
> Gedicht ...

> Das sind doch
> zwei Gedichte!

2 Lest die Strophen und überlegt zu zweit:
• Welche Verse gehören zum Gedicht **Sommerregen**?
• Welche Verse gehören zu dem Gedicht **Sommersonne**?

3 Schreibe ein Gedicht mit der passenden Überschrift auf.

Ideenkiste

Einen Jahreskalender gestalten

Einen Jahreskalender gestaltest du,
indem du für jeden Monat des Jahres
ein Kalenderblatt anfertigst.

Du benötigst:

- 12 Blätter buntes Papier,
- Fotos oder Bilder,
- bunte Stifte,
- Klebestift,
- Schere,
- Schnur,
- Locher.

1. Gestalte den oberen Teil jedes Kalenderblattes
   passend zum Monat. Klebe Fotos, Zeitungsausschnitte
   oder Bilder auf oder zeichne etwas.

2. Schreibe auf jedes Kalenderblatt den Monatsnamen.

3. Schreibe auf jedes Monatsblatt im unteren Bereich
   die Tage auf.
   Tipp: Überlege genau, wie viele Tage jeder Monat hat.

4. Lege alle Kalenderblätter übereinander, loche sie
   und binde sie zusammen.

Wichtige Fachwörter

ABC

▸ Seite 14, 163

Das ABC ist eine Liste aller Buchstaben von A bis Z.
Man nennt es auch Alphabet.

ABCDEFGHIJKLMNOPQuRSTUVWXYZ

abcdefghijklmnopqurstuvwxyz

Absatz/Abschnitt

▸ Seite 38, 80, 124

Ein Absatz oder Abschnitt ist ein Teil eines ▸ Textes.
Du erkennst Absätze daran, dass zwischen ihnen eine leere ▸ Zeile steht.

erster Absatz ⎰ Das Fell von Katzenbabys ist nach der Geburt
noch kurz, und die Kätzchen sehen nackt aus.
Sie können nicht sehen und nicht hören.

leere Zeile ⟶

zweiter Absatz ⎰ Die Katze füttert ihre Jungen mit ihrer Milch
und beschützt sie.

Autorin/Autor

▸ Seite 48, 54, 124

Geschichten, Gedichte oder Bücher werden von einer Autorin oder einem
Autor geschrieben. Den Namen findest du häufig unter der Überschrift, am
Ende des Textes oder auf dem Buchdeckel.

Überschrift ⟶ **Regenwurmtage**

Autor/Autorin ⟶ Antje Damm

Bücherei

▸ Seite 44, 45

In einer Bücherei kann man Bücher
und andere ▸ Medien ausleihen.
Eine Bücherei nennt man auch Bibliothek.

Comic

▸ Seite 66

Ein Comic ist eine bestimmte Art von Bildergeschichte.
Was die Personen sagen oder denken, steht meistens
in Sprechblasen.

Gedicht

▸ Seite 30, 126, 127

Ein Gedicht besteht
aus kurzen ▸ Versen.
Die Wörter
am Ende der Verse
reimen sich oft.

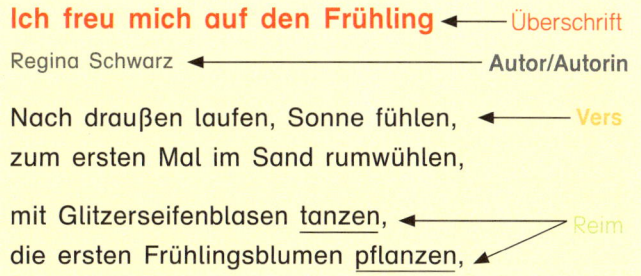

Ich freu mich auf den Frühling ◀—— Überschrift

Regina Schwarz ◀——————————— Autor/Autorin

Nach draußen laufen, Sonne fühlen, ◀—— **Vers**
zum ersten Mal im Sand rumwühlen,

mit Glitzerseifenblasen tanzen, ◀
die ersten Frühlingsblumen pflanzen, ◀ —— Reim

Geschichte

▸ Seite 34, 136

Eine Geschichte ist ein ▸ Text,
in dem etwas erzählt wird.
Geschichten können interessant,
spannend, lustig oder
auch traurig sein.

**Von dem Jungen,
vor dem alle Angst hatten**

Elisabeth Stiemert

In der Dreierlei-Straße wohnte ein
Junge, vor dem alle Angst hatten.
Der Junge wohnte hier noch nicht
lange. Er war größer als die anderen
Kinder und er saß auf der Treppe vor
seinem Haus einfach so da. Jeden Tag saß der Junge auf
der Treppe und er machte meistens ein böses Gesicht.

Hörbuch

▸ Seite 44, 45

In einem Hörbuch werden ▸ Geschichten,
▸ Gedichte oder ▸ Sachtexte vorgelesen.

A B C D E F G H I J K L M N O P Qu R S T U V W X Y Z

Inhaltsverzeichnis

▸ Seite 2

Ein Inhaltsverzeichnis findet man meistens
am Anfang oder am Ende eines Buches.
Es gibt die Seiten an, auf denen
die ▸ Texte des Buches zu finden sind.

Internet

▸ Seite 47, 57

Durch das Internet sind Computer auf der ganzen
Welt wie in einem Netz miteinander verbunden.
Du kannst im Internet zum Beispiel nach
Informationen suchen oder E-Mails schreiben.

Kapitel

▸ Seite 10, 28

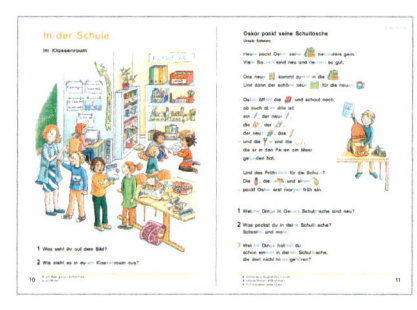

Ein Kapitel ist ein Teil eines Buches.
Meistens haben Kapitel
eine eigene ▸ Überschrift.

Klappentext

▸ Seite 60

Der Klappentext ist eine kurze Zusammen-
fassung von einem Buch oder einer CD.
Er steht auf der Rückseite.

Hirsch, Maus,
Fisch und
Erdmännchen
gehen gemein-
sam auf eine
Expedition.
Als ein Bär dazu
kommt, wird es
richtig spannend.

Lexikon

▸ Seite 45

Ein Lexikon ist ein Buch, in dem du
Erklärungen nachschlagen kann.
Die ▸ Überschriften im Lexikon
sind nach dem ▸ ABC geordnet.

Märchen

▸ Seite 152, 160

Märchen sind ▸ Geschichten.
Oft kommen Könige, Prinzessinnen
und Fantasietiere darin vor.
In Märchen siegt fast immer das Gute.

Medien

▸ Seite 45, 60

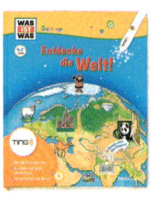

Es gibt verschiedene ▸ Medien.
Sie können gedruckt sein,
zum Beispiel Bücher, Zeitungen und
Zeitschriften.
Es gibt aber auch digitale Medien, die man anhören
oder ansehen kann: zum Beispiel CD, DVD, E-Book und
MP3. Dazu benötigt du spezielle Geräte wie CD-Player,
MP3-Player, Fernseher oder Computer.

Notizen

▸ Seite 70, 71

Notizen sind einzelne Wörter oder kurze Sätze,
die man aufschreibt, um sich etwas zu merken.

Ahnen, Zeile 1

Reim

▸ Seite 22, 40

Reime sind Wörter, die ähnlich klingen.
Sie kommen vor allem
in Liedern und ▸ Gedichten vor.

Haus – Maus

laufen – kaufen

nett – fett

Sachtext

▸ Seite 33, 71

Ein Sachtext informiert
sachlich über ein Thema.

Wie aus einem Samen ein Baum wird

Bäume vermehren sich durch ihre Samen.
Man findet sie bei Laubbäumen in den Früchten.
Bei der Kastanie ist die Frucht die grüne runde
Kapsel mit den vielen Stacheln.
In ihr befinden sich die Kastanien,
die Samen des Kastanienbaumes.
Nadelbäume haben ihre Samen in ihren Zapfen.

A B C D E F G H I J K L **M** N O P Qu R S T U V W X Y Z

左側: A B C D E F G H I J K L M N O P Qu R S T U V W X Y Z

Strophe

▶ Seite 79, 166

Ein ▶ Absatz oder Abschnitt in einem ▶ Gedicht heißt Strophe.
Eine Strophe besteht aus mehreren ▶ Versen.

Ich freu mich auf den Frühling

Regina Schwarz

Strophe { Nach draußen laufen, Sonne fühlen,
zum ersten Mal im Sand rumwühlen,

mit Glitzerseifenblasen tanzen,
die ersten Frühlingsblumen pflanzen,

Tabelle

▶ Seite 27

In einer Tabelle werden Informationen übersichtlich und geordnet dargestellt.
Eine Tabelle hat Felder, ▶ Zeilen und Spalten.

Spalte ↓	Montag	Dienstag	Mittwoch	Donnerstag	Freitag	
Zeile → 1. Stunde	Deutsch	Religion	Religion	Musik	Englisch	
2. Stunde	Mathe- matik	Deutsch	Mathe- matik	Englisch	Sach- unterricht	← Feld

Text

▶ Seite 102, 107, 181, 183

Mit einem Text wird etwas erklärt oder erzählt. Texte sind ▶ Gedichte, ▶ Geschichten, ▶ Sachtexte oder ▶ Märchen.
Texte haben meistens eine Überschrift.

Gedichte

Geschichten

Sachtexte

Märchen

Comics

…

Textabschnitt

Schaue unter ▶ Absatz nach.

Titel

▸ Seite 45, 55

Titel

Jedes Buch hat einen Titel.
Der Titel sagt, wie das Buch heißt.

Überschrift

▸ Seite 43, 118, 162

In der Überschrift steht,
worum es in dem ▸ Text geht.
Die meisten Texte
haben eine Überschrift.

Regen und Sonne

Lizzy Gerger

 Überschrift

Sonne, bist du denn verbannt
hinter grauer Wolkenwand?
Wir lachen, weil ...

Vers/Verszeile

▸ Seite 23, 40, 172

Eine ▸ Zeile im ▸ Gedicht
nennt man Vers oder Vers-
zeile.
Am Ende der Verse
stehen oft Reimwörter.

Ich freu mich auf den Frühling

Regina Schwarz

Nach draußen laufen, Sonne fühlen, ◀— Vers
zum ersten Mal im Sand rumwühlen,

mit Glitzerseifenblasen tanzen, ◀
die ersten Frühlingsblumen pflanzen, ◀ Reim

Zeile

▸ Seite 124, 125

Eine Zeile liest man von links
nach rechts.
Eine Zeile ist eine Reihe in einem
▸ Text oder in einer ▸ Tabelle.

Ach du Schreck

Julia Boehme

Plötzlich wacht Kati auf. War
da was? Und ob! Da ... ◀— Zeile

Verzeichnis der Autorinnen und Autoren

Unbekannte und ungenannte Autorinnen und Autoren

Pusteblume
Das Lesebuch 2

Neubearbeitung

Zum Lesebuch 2 gehören:
Lehrermaterial
(inkl. DVD-ROM) 2   978-3-507-42537-8
Kopiervorlagen 2   978-3-507-42540-8
Hör-CD 2 zum Lesebuch   978-3-507-42525-5
Werkstatt-Heft Lesen 2   978-3-507-43432-5

Sprachbuch 2   978-3-507-42492-0
Arbeitsheft 2 SAS   978-3-507-42495-1
Arbeitsheft 2 DS   978-3-507-42485-2
Lehrermaterialien Sprachbuch 2   978-3-507-42498-2
Kopiervorlagen Sprachbuch 2   978-3-507-42516-3
Digitale Lehrermaterialien   978-3-507-42519-4
Förderheft 2
DS   978-3-507-49460-2
GS   978-3-507-49487-9
SAS   978-3-507-49463-3
Arbeitsheft inklusiv DS   978-3-507-49469-5
Arbeitsheft inklusiv GS   978-3-507-49488-6
Forderkartei 2   978-3-507-49466-4
Interaktive Tafelbilder CDR 2
Einzelplatzlizenz   978-3-507-42573-6
Schullizenz   978-3-507-42557-6
Ferienheft 2   978-3-507-49508-1

westermann GRUPPE

© 2015 Bildungshaus Schulbuchverlage
Westermann Schroedel Diesterweg
Schöningh Winklers GmbH,
Georg-Westermann-Allee 66, 38104 Braunschweig
www.westermann.de

Druck A⁴ / Jahr 2022
Alle Drucke der Serie A sind im Unterricht
parallel verwendbar.

Redaktion: Silke Lohmeyer
Umschlaggestaltung: Künkel – Büro für Gestaltung
mit einer Illustration von Bettina Kumpe
Layout: VISIO Kommunikation GmbH, Bielefeld
Satz: Satzteam Bleifrei, Hildesheim
Druck und Bindung: Westermann Druck GmbH,
Georg-Westermann-Allee 66, 38104 Braunschweig

ISBN 978-3-507-**42522**-4